国家自然科学基金资助项目
“后发企业国际联盟组合构建的价值创造机制研究：联合双边匹配与架构的视角”（71902146）资助

后发企业内部知识基与创新网络构成的匹配机制研究

Matching Mechanism of Inside Knowledge Base and Innovation Network Composition for Latecomers

寿柯炎◎著

中国财经出版传媒集团

经济科学出版社
Economic Science Press

图书在版编目（CIP）数据

后发企业内部知识基与创新网络构成的匹配机制研究/
寿柯炎著. —北京：经济科学出版社，2020. 12.
ISBN 978 - 7 - 5218 - 2147 - 5

Ⅰ. ①后… Ⅱ. ①寿… Ⅲ. ①企业内部管理-知识管理-研究 Ⅳ. ①F272. 4

中国版本图书馆 CIP 数据核字（2020）第 242634 号

责任编辑：杜 鹏 常家凤
责任校对：李 建
责任印制：王世伟

后发企业内部知识基与创新网络构成的匹配机制研究
寿柯炎 著
经济科学出版社出版、发行 新华书店经销
社址：北京市海淀区阜成路甲 28 号 邮编：100142
编辑部电话：010-88191441 发行部电话：010-88191522
网址：www. esp. com. cn
电子邮箱：esp_ bj@ 163. com
天猫网店：经济科学出版社旗舰店
网址：http：//jjkxcbs. tmall. com
固安华明印业有限公司印装
710 × 1000 16 开 11. 25 印张 210 000 字数
2021 年 3 月第 1 版 2021 年 3 月第 1 次印刷
ISBN 978 - 7 - 5218 - 2147 - 5 定价：59. 00 元
（图书出现印装问题，本社负责调换。电话：010 - 88191510）

前　言

后发企业作为新兴经济体国家技术追赶的重要主体，一直备受理论界和实践界的关注。随着全球价值网络的重构以及新兴技术的不断发展，创新网络的构建成为后发企业获取和整合全球技术资源从而提升自身技术能力的重要途径。在这一过程中，如何构建有效的创新网络以更好地实现向竞争前沿的转型成为至关重要的问题。从现实背景来看，后发企业在从最初通过对跨国企业技术溢出的模仿学习，到通过构建基于技术合作的创新网络进行互惠式学习的逐步转型的过程中，会面对“高不成低不就”的困境，网络伙伴的技术知识水平过高会导致整合困难，过低则学习效应不明显。因此，通过构建有效的创新网络来解决合作伙伴之间学习的低效或者无效就成为重要的现实问题。从理论背景来看，一是对于后发企业技术追赶出现的新现象基本停留在案例的现象描述，缺乏理论聚焦和机理解释，很难建立与战略管理文献的对话；二是目前对于创新网络构建的重要战略决策即合作伙伴的选择只停留在针对特定对象的二元层次上，且很少和绩效联系在一起；三是仅从节点异质性的角度对创新网络节点构成特征的描述不完备。

基于以上现实背景和理论背景，本书旨在探讨“后发企业如何选择合适的节点（群）即合作伙伴构建有效的创新网络”这一核心问题。基于网络资源观，本书从内部知识基宽度和深度，以及外部创新网络构成知识异质性和知识质量，刻画不同的架构类型，通过探讨不同架构类型与创新追赶绩效间的关系，从而回答这一核心问题。本书的研究具体通过四个子研究来分别回答延伸出来的四个子研究问题，子研究一通过对6家案例企业的分析，提出了四种取得高创新追赶绩效下的后发企业内部知识基和创新网络构成的架构类型以及其具体的组织学习机制。子研究二通过模糊集的质性比较分析法（fuzzy-set qualitative comparative analysis，fsQCA）的实证方法对子研究一得出的架构类型与绩效间的关系及具体的组织学习机制进行了验证。子研究三同样采用fsQCA的实证方法，探索了企业战略导向和产业特征对于内部知识基和创新网络构成架构对创新追赶绩效影响的调节作用。子研究四通过对3家成功向竞争前沿转型的后发企业的案例分析，从演化的视角刻画了后发企业选择合适的节点（群）构建有效创新网络的具体路径。本书主要得出了以下四个结论。

（1）子研究一通过多案例探索得出四种架构类型有助于创新追赶，分别为：当企业内部知识基宽度较高、深度较低时，最好配置外部知识异质性和知识质量都较高的创新网络（架构类型Ⅰ）；当企业内部知识基宽度和深度都较高时，同样最好配置外部知识异质性和知识质量都较高的创新网络（架构类型Ⅱ）；当企业内部知识基宽度和深度都较低时，可以配置外部知识异质性较低和知识质量较高的创新网络（架构类型Ⅳ）；当企业内部知识基宽度较低、深度较高时，同样最好配置外部知识异质性较低和知识质量较高的创新网络（架构类型Ⅴ）。子研究二的fsQCA实证检验结果在证实以上四种架构类型的同时，进一步得出，当企业内部知识基宽度和深度都较低时，同样可以配置外部知识异质性和知识质量都较高的创新网络（架构类型Ⅲ）。

（2）当企业内部知识基宽度和深度都很低时，企业通过利用式学习能够更好地提升创新绩效；当企业内部知识基宽度低、深度高时，企业通过探索式学习和利用式学习的二元平衡能够更好地提升创新绩效；当企业内部知识基宽度高、深度低时，企业通过利用式学习能更好地提升创新绩效；当企业内部知识基深度和宽度都很高时，企业通过探索式学习和利用式学习的二元平衡能够更好地提升创新绩效。

（3）战略导向和产业特征会对不同的架构类型与创新追赶绩效间的关系产生调节作用。其中，战略导向对架构类型的调节作用主要体现在：第一，当企业技术导向和市场导向均较高时，架构类型Ⅰ/Ⅱ/Ⅲ/Ⅴ对创新追赶绩效的作用更显著；第二，当技术导向相比于市场导向更高时，架构类型Ⅱ对创新追赶绩效的作用更显著；第三，当市场导向相比于技术导向更高时，架构类型Ⅳ对创新追赶绩效的作用更显著。产业特征对架构类型的调节作用主要体现在：第一，对处于技术变化迅速、与国外技术差距并不是特别大的产业中的企业而言，架构类型Ⅰ/Ⅱ对创新追赶绩效的作用更显著；第二，对处于技术变化较慢、与国外领先企业技术落差较大的企业而言，架构类型Ⅲ对创新追赶绩效的作用更显著。

（4）基于杜特兰（Dutrénit，2004）对于后发企业由简单知识基过渡到复杂知识基的阶段划分模型，本书以复杂产品制造相关企业为研究对象，从知识基宽度和深度来进一步刻画知识基的变化特征，发现不同企业内部知识基配置呈现不同的路径，一是聚焦于单体技术发展的路径，内部知识基宽度相对较低，构建的网络节点（群）的知识异质性相对较低；二是聚焦于系统技术发展的路径，内部知识基宽度相对较宽，构建的网络节点（群）的知识异质性相对较高。此外，在不同的知识基发展阶段，企业节点配置和组织学习模式呈现出相应的变化，具体而言：第一，在构建必要知识基阶段，后发企业拥有更强的内部研发导向，在自主研发或聘请外部专家等方式的基础上以利用式学习为主，学习已有成熟技术，积累生产、设备改造等初始能力；第二，在变革阶段，后发企业的内部研发逐渐转向基于已有成熟技术的新产品开发和对前沿技术或跨领域技术探索相结合的组织学习双元平衡上，并且在开始与合作伙伴进行技术配套、技术攻关等新产品开发上，部分技术能够与竞争者匹敌；第三，在构建复杂知识基阶段，后发企业以技术中心为平台，搭建了完善的内外部合作的创新体系，实现组织内和组织间结合的组织学习双元平衡，在众多技术领域实现对领先企业的追赶，从而向竞争前沿转型。

本书研究的理论贡献主要在于以下三个方面。

(1) 通过回答“后发企业如何构建有效创新网络”这一问题，在一定程度上将后发企业技术追赶理论与战略管理文献建立了对话。通过考察后发企业通过创新网络向技术前沿转型的过程，丰富了后发企业基于对领先企业的技术溢出进行模仿创新的追赶理论；聚焦于后发企业技术追赶的特殊情境，总结了后发企业构建组织学习二元性的具体路径，深化了基于组织学习的后发企业技术追赶研究。

(2) 区别于以往基于特定合作对象以及二元层次合作伙伴选择的研究，本书从网络层次综合考虑了合作伙伴（群）的选择问题，深化了合作伙伴选择的研究。同时，将合作伙伴选择的结果与具体的绩效联系在一起，弥补了以往合作伙伴选择研究的不足。

(3) 借鉴网络资源的视角，聚焦于创新网络研究的内容流派，弥补了一般基于社会网络研究视创新网络节点为均质的不足。同时，从宏观视角对创新网络节点异质性的刻画，深入到微观层面的网络架构分析，揭示了后发企业的内部知识基、外部创新网络架构与创新追赶之间的深层次内在联系以及企业内部要素（战略导向）和外部要素（产业特征）带来的影响。

本书通过对后发企业选择合适的合作伙伴（节点群）构建有效创新网络的具体机制和过程的分析，对管理者重构合作研发努力提供了重要的指导，不仅有利于企业自身技术的发展，而且对于企业选择不同模式的创新网络配置具有借鉴意义。首先，企业在构建创新网络时，需要改变其逻辑出发点。企业构建网络时需要先考虑合作伙伴所具备的资源本身，再通过设计不同的网络结构和关系来接触并获取到所需的资源溢入。其次，企业在构建创新网络的同时要对自己的知识资源有准确的衡量和判定，不仅需要考虑自身资源的内容广泛性，而且需要考虑自身资源水平在消化、吸收外来知识上的能力。此外，管理者还需要考虑自身战略导向和外部环境特征对企业配置内部知识基和合作伙伴选择带来的影响。

寿柯炎

2020 年 10 月

目　录

第1章 绪 论

1.1 研究背景

1.1.1 现实背景

第一，创新网络的构建成为后发企业向竞争前沿转型的重要途径。

全球化竞争的加剧使得企业无法仅通过封闭式自我修炼或者等待本国市场上跨国企业的技术溢出来提升技术能力（黄学，2014），通过与超本地的组织建立合作关系的方式引进、学习和吸收分散的先进技术知识进行技术追赶成为后发企业提升技术能力的重要方面。最初，我国后发企业在发达国家产业结构调整的契机下，通过参与全球生产网络快速提升了生产能力，并通过技术引进积累了初始的技术能力。然而，单纯的技术引进已经不能满足后发企业技术追赶的需求。金融危机的爆发为我国企业成功构建本地—超本地的创新网络提供了良好的契机，近年来，越来越多的发展中国家企业不仅在国内与不同类型的组织建立了合作关系，而且更进一步到海外设立技术中心和研发机构，并购海外先进的企业，并以此为节点与更高水平的核心技术掌握者构建合作关系。构建超本地化的创新网络已经成为后发企业获取外部研发资源和专业技能、参与全球价值重构的“入场券”，也为新兴经济体跳跃式提升技术能力奠定了基础（潘秋玥、魏江、刘洋，2013）。

创新网络构建的具体形式也产生了相应的变化。在自身技术能力不断提升的基础上，越来越多的企业开始构建合作对象和合作方式更加多样化的创新网络，通过互补资源的协同作用快速向竞争前沿转型。例如，近年来，一批后发企业以技术追赶为目的，并购了诸多全球范围内的技术领先单元组织（Williamson & Raman，2011），并以此为基点与当地的大学、研究机构和领先企业建立技术合作关系，撬动更多高质量的技术知识。同时，众多企业开始与国际领先企业构建联合实验室，通过双方资源的互补协同更好地提升创新能力。凭借创新网络的构建，后发企业得以接触和获取分散在全球范围内的技术资源，提升和优化资源配置效率，从而提升企业竞争力。构建创新网络成为后发企业向竞争前沿转型的重要途径。

第二，后发企业需要配置合适的合作伙伴，构建有效的创新网络，才能更好地接触和获取网络知识资源快速达到战略目的。

为了构建有效的创新网络，后发企业自身与创新网络的匹配是关键。一方面，节点是谁很重要，这决定了企业可能接触、获取到的外部资源集；另一方面，焦点企业自身技术特征很重要，这决定了企业真正能够获取与外部资源耦合的内部资源集。合作关系的是组织双方共同的战略决策结果（Mindruta，2013），双方所拥有的技术资源禀赋差距在一定程度上决定了双方能够达成技术合作的可能性以及达成合作以后所能产生的资源协同效应大小。为了构建有效的创新网络，一方面能够成功搭建起技术合作关系，另一方面能够获取想要的技术知识资源并达到预期的资源协同效应，企业务必在可选择的合作伙伴范围内，在特定的搜索成本、搜索范围内选择最合适的合作伙伴，即在特定的资源特征条件下，配置起最优的创新网络。

由于不同企业以及企业在不同的发展阶段，内部资源禀赋相应变化，使得获取外部资源的具体节点配置、资源获取方式的选择均产生一定的变化。因此，针对不同的内部资源特征，在特定选择范围内构建有效创新网络的特征会相应变化，从而形成不同的类型。这些类型在相同的内部资源特征的情况下相比于其他类型能够获取更好的资源协同效应，提升创新追赶绩效，从而构建起有效的创新网络。

第三，一批成功向竞争前沿转型的后发企业跳出“引进—落后—再引进—再落后”的怪圈，不断提升自身技术能力，通过互惠式学习实现技术追赶。

以往后发企业技术追赶主要通过领先企业技术溢出的模仿学习，并不足以支撑后发企业向技术前沿转型。最初后发企业主要是通过引进国外技术，慢慢积累产品设计和生产运营方面的经验（Kim，1980），或者通过非正式渠道（例如模仿）这种重要的技术获取途径（Lee，Bae & Choi，1988），然后通过消化、吸收逐渐形成产品创新能力；或者通过反复与跨国公司建立关系、杠杆化利用和学习（Mathews，2002），采用贴牌生产（original equipment manufacture，OEM）—自主设计（original design manufacturer，ODM）—自主品牌（original brand manufacturer，OBM）这一学习路径进行追赶。然而，在传统技术领域，由于国外领先企业在传统技术领域积淀的深厚的技术知识和整合能力，逐步形成了“技术封锁”，使得后发企业在传统复杂产品上实现对国外领先企业的赶超变得尤其困难，企业务必在进行技术追赶的同时保持对技术前沿的探索，以期在新一轮技术变革的时候成功实现弯道超车。在新兴技术领域，也要求后发企业一开始就以领先企业的姿态部署内部研发以开发自己的前沿产品并与对手展开系统竞争。

在通过构建创新网络进行技术追赶的过程中，不断积累自身的技术知识，能够与领先企业构建起基于互惠式学习的网络变得尤为重要。对于面对市场和技术双重劣势的后发企业，合作伙伴的选择总是会面临“高不成低不就”的尴尬局面，当后发企业还达不到较好的技术水平时，技术水平高的合作伙伴不愿意与之合作，跟技术水平低的合作伙伴合作又不能获取价值。例如，国内的诸多后发企业，即使有机会与国际领先的企业或者国内的外资/合资公司合作，也无非是利用配套的生产设备参与他们的生产网络，这种单向的技术学习方式很难真正学到前沿的技术知识进行技术追赶；只有当自身的技术水平上升到一定台阶后，才能通过搭建联合实验室、联合技术开发等形式参与技术领先公司的研发网络，甚至占据主导地位，也才能学习到并吸收得了前沿的技术知识进行赶超，这些创新网络更多的是双向技术交易的互惠网络，例如，华为、海尔、大华等国内诸多优秀的后发企业。因此，后发企业不仅要在可配置的范围内选择最合适的合作伙伴构建有效的创新网络，而且还需要不断提升自身技术能力，只有这样，才能成功地与更优秀的合作伙伴建立关系，撬动更优秀的技术知识资源，更好地进行技术追赶。

1.1.2 理论背景

第一，后发企业技术追赶的新现象对后发企业能力追赶理论带来了挑战。

随着组织环境变得更加全球化、动态性、竞争性（Smith & Lewis，2011），资源全球分散，后发企业摆脱基于国际领先企业技术溢出的模仿学习，开始向竞争前沿转型。越来越多的后发企业通过与国内外高校、研究机构、来自全球的产业链上下游优秀企业的技术合作，构建起双向技术交易的互惠网络，得以获取和配置全球范围内的技术创新资源，一方面，对已有的成熟技术资源进行开发、重组进行技术追赶；另一方面，进行技术前沿、新技术领域的探索保持竞争优势，快速提升创新能力，达到了与国际领先企业并驾齐驱甚至赶超的水平。

后发企业技术追赶过程涌现出来的新现象对现有的后发企业技术追赶研究提出了新的挑战。首先，以往对于后发企业技术追赶的研究多聚焦于对成熟技术溢出的模仿学习这一过程上，很少有学者关注后发企业向技术前沿竞争转型的能力追赶重点转移的过程（Dutrénit，2004；江诗松、龚丽敏、魏江，2012）；其次，现有研究大多停留在描述后发企业追赶现象的水平上，缺乏理论聚焦和机制解释，且很少和战略管理文献建立对话，从而限制了其理论意义（Mathews，2002；江诗松等，2012）。

第二，从合作伙伴选择的视角出发，构建有效创新网络能够深化传统的合作伙伴选择聚焦于行为视角的研究。

合作伙伴选择是构建有效创新网络的重要方面。以往的很多研究从既存的网络结构和关系出发来探索合适的网络结构和关系，或者在既有网络的基础上从治理的角度探讨如何从网络中获取最大收益这一问题，但这两者都侧重事后管理。然而，配置合适的合作伙伴是构建有效创新网络的第一步也是很重要的一步，尤其是对新兴经济体中的后发企业而言（Madhok，2002）。目前，合作伙伴选择的研究仍存在以下不足：一是大部分研究将合作伙伴选择作为一种单向选择，忽略了其双向交易的本质（Mindruta，2013）；二是现有研究大多关注企业选择合作伙伴的动机和标准等具体的行为上，很少关注其结果（Prahalad & Lieberthal，2003）；三是目前的研究大部分关注二元层次的伙伴选择问题，忽略了网络情境这一重要因素（郝斌、李佳琳、万尚·弗利刚，2014）。因此，它们不能很好地回答企业如何通过配置合适的合作伙伴构建有效的创新网络这一问题。

在网络化情境下，应用匹配视角能够很好地解决后发企业选择节点（群）构建有效创新网络的核心问题。匹配理论来源于经济学，主要是指在考虑双方各自的目标以及自身目标/能力等特征带来的可选择的对象范围的有限性的基础上，配对的双方在竞争条件下所形成的整体利益最大化的结构均衡（Mortensen，1988）。门德鲁特（Mindruta，2013）最先将经济学领域的匹配理论引入战略管理领域，从专利/发表能力、知识宽度/知识专业化四个特征属性来刻画大学/企业的特征，探索了大学—企业研究合作关系形成背后的匹配机制。匹配理论的引入使得学者可以更深入地探索与合作双方特征相关的合作结果。然而，对于后发企业而言，合作方不仅是大学，同时合作关系的形成需要考虑双方多维度的复杂特征。这一本质要求研究需要考虑合作的双向本质，进一步分析后发企业与合作伙伴（群）的匹配机理。此外，双方特征的多维度复杂性以及最终形成的结构的多类型所呈现出来的殊途同归性也对传统线性思维下的创新网络构建研究提出了挑战。

第三，关注网络构成（network composition）的呼吁为解剖创新网络合作伙伴本质提供了新的思路，同时深化了社会网络理论的研究。

关注网络构成内容的呼吁开始让学者们将视线从网络结构或网络关系转向网络中的节点本身，即节点是谁的问题，这为创新网络的研究提供了新的趋势和见解。过去40多年间对联盟网络和企业创新间关系的研究大多聚焦于网络结构和网络关系的视角上，很少有研究关注网络中节点的构成（Phelps，2010）。网络构成指的是在特定属性、产品特点或资源禀赋方面有差异的不同类型的行为者（Wasserman，1994）。现有的研究开始意识到网络研究中对网络构成的忽略，并开始呼吁网络研究应该更多关注构成网络的企业间的资源异质性问题（Lavie，2006），尤其是网络层次合作伙伴间的资源禀赋差异性以及企业与合作伙伴间的资源禀赋差异性（Phelps，2010）。

对于网络构成研究的关注能够进一步深化企业从网络中获益这一核心问题。以往对于网络结构对企业创新影响的研究的结论多有冲突，例如，“结构洞”的观点认为，不连通的网络因为能够及时提供多样化的信息从而提升企业创造力和创新水平（McEvily & Zaheer，1999）；“网络闭合”的观点认为，成员间相互连通能够通过产生信任、互惠规范、共享认知从而促进合作和知识共享，产生社会资本促进创新（Ahuja，2000；Dyer & Singh，1998；Schilling & Phelps，2007）。产生这些悖论的原因可能有两个：一个是这些研究只考虑了网络结构，忽略了网络构成；另一个是不同的研究探索的是不同类型的连带、不同的制度情境和结果变量（Phelps，2010）。因此，合作伙伴本身是谁在解释企业嵌入创新网络中所能获取的收益上很重要，能为创新网络研究提供更详尽的见解，深化社会网络理论的研究。

1.2 问题提出

（1）核心问题：后发企业技术追赶的过程中，如何选择合适的合作伙伴（节点群）和组织学习模式构建有效的创新网络，从而更好地提升创新追赶绩效？

首先，在资源全球分布、竞争全球化的环境下，企业通过构建创新网络的方式获取分散的资源成为企业提升自身技术能力的重要方面，尤其是对处于技术和市场双重劣势的后发企业而言，构建创新网络进行技术追赶成为快速提升创新能力的一个重要途径。合作伙伴选择与后续的学习和资源整合是构建有效创新网络的重要方面。就合作伙伴而言，可供选择的有全球范围内的高校、科研机构，他们掌握了最基础和前沿的科技知识；有产业链上下游或者跨产业的来自全球范围内的企业，可以获取和利用互补/异质性的技术/市场知识进行新产品开发等；也有来自全球范围内的同行竞争性企业，可以学习和积累与自身技术高度相关的知识，共享研发成本等（Kapoor & McGrath，2014）。就后续的学习方式而言，后发企业可以建立在自身的技术知识上，学习已有的相关成熟技术知识，或者整合非相关兼容的知识开发新产品、新市场，短期内快速提升创新能力；也可以向新技术、非相关技术领域探索，学习前沿技术知识，从长期考虑提升创新能力，增强竞争力。

其次，随着企业自身特征的变化，可选择的合作伙伴的范围、最终构建起创新网络的节点（群）特征以及不同网络架构下的学习方式都会产生特定的变化。由于企业自身特征的差异性，合作伙伴选择是一个双向选择的经济行为，可供选择的合作伙伴范围以及最终构建的创新网络的节点是谁与后发企业自身的特征相关。当后发企业自身与技术领先企业差距较大时，由于对合作伙伴的吸引程度较低，可供选择的合作伙伴的范围也较小，就算与国际领先的跨国企业构建起关系，也主要是以资源互补为主的合作关系（Vandaie & Zaheer，2014）（即参与发达国家的全球生产链，优秀企业往往是利用当地的低劳动力成本和配套的基础设施进行生产，转嫁生产成本），同时，由于吸收能力较低，真正能学习到的技术知识有限。只有当后发企业自身的技术水平达到较高水平的时候，才能吸引更多优质的合作伙伴构建起学习式联盟（Vandaie & Zaheer，2014），同时，在高吸收能力的基础上更好地吸收和整合外部知识资源。此外，不同的企业由于专注领域所需技术范围的差异性，对合作伙伴的多样性需求程度也会有不一样。因此，不同类型的企业能选择的以及最终选择的合作伙伴不同，构建起不同类型的创新网络，并且通过不同的组织学习方式作用于创新追赶绩效。

基于以上分析，提出本书研究的核心问题：后发企业在技术追赶的过程中，如何通过选择合适的合作伙伴（节点群）和组织学习模式构建有效的创新网络，从而更好地提升创新追赶绩效？本书拟从后发企业基于合作伙伴匹配机制形成的能够取得较高创新追赶绩效的差异化架构类型、不同架构类型下作用于创新追赶绩效的组织学习模式、企业内部要素以及环境要素对架构类型的调节，以及选择节点（群）和组织学习模式构建创新网络进行技术追赶的具体路径四个子问题来具体论述。

（2）子研究问题一：从知识的角度出发，通过内部知识基和创新网络构成分别来刻画后发企业自身以及节点特征，后发企业在技术追赶过程中选择合作伙伴背后的匹配机制是什么，分别呈现出哪几种架构类型能够取得较高的创新追赶绩效？

首先，本书主要从知识的角度来探讨后发企业的技术追赶过程。隐性资产是企业获得更优绩效和持续竞争优势的重要方面（Grant，1996）。在隐性资产中，知识无疑是企业所拥有的最重要的资源，对创新过程而言是最主要的输入之一，同时，企业获取外部技术知识也是企业构建创新网络进行技术追赶主要目的。

其次，本书具体从内部知识基宽度和深度来刻画后发企业自身的资源特征，从知识异质性和知识质量来刻画创新网络节点（群）即网络构成（network composition）的特征。知识基宽度是指企业拥有的知识涵盖的跨领域的程度（Moorthy & Polley，2010），捕获了知识的水平维度，即其异质性内容；知识基深度是指在核心领域企业知识的精细化（sophistication）和复杂化（complexity）水平（Moorthy & Polley，2010），捕获了其纵向维度，即独特的、复杂的、特定领域内的知识内容。网络构成（network composition）是指在特定属性、产品特点或资源禀赋等方面有差异的不同类型的行为者（Phelps，2010；Wasserman，1994），其中，知识异质性是指企业所能接触到的合作伙伴间知识类别的多样性；知识质量是指企业所能接触到的合作者的知识水平。

最后，本书从架构的视角探索能够取得高创新追赶绩效的内部知识基与创新网络构成形成的具体架构类型，从而从内外部匹配的角度回答后发企业构建有效创新网络这一核心问题。由于后发企业市场/技术带来的双重劣势，使得后发企业在构建学习导向的合作关系时可选择的优秀的技术合作伙伴范围有限，同时，由于后发企业自身特征的差异性，在这一有限的范围内，通过合作伙伴的竞争性选择呈现出差异化的创新网络构成特征。不同的企业以及企业在不同的阶段由于自身知识基特征的不同，会选择不同的合作伙伴，从而形成不同的创新网络构成类型。在后发企业构建创新网络进行技术追赶的过程中，即使具有相同知识基特征的企业，所构建的创新网络构成特征也会存在差异化的可能，取得一致或不一致创新追赶绩效。

（3）子研究问题二：后发企业技术追赶过程中，基于内部知识基和创新网络构成而形成的不同架构类型作用于创新追赶绩效的具体中介机制是什么？

首先，本书主要从组织学习的角度来探讨后发企业从创新网络中获益的具体机制。组织学习视角一直是后发企业技术追赶研究的重要关注点，不仅企业内部需要通过组织学习积累技术能力，而且后发企业需要通过组织学习吸收外部领先企业的技术溢出以及外部其他资源来提升技术能力。因此，组织学习是后发企业在构建起创新网络后实现资源内外部协同的重要机制。

其次，在不同的架构类型下，由于后发企业自身吸收能力、战略需求等的不同，会采用不同的组织学习活动来进行内外部资源的整合，作用于创新追赶绩效。后发企业在构建创新网络进行技术追赶的过程中，从不同的节点处获取的知识需要通过一定的方式整合入企业内部，转化为创新输出，面对不同的合作伙伴，后发企业的组织学习活动有的聚焦于对成熟技术的获取、学习和吸收，有的利用已有的技术知识与互补性的相关知识进行整合开发，有的聚焦于前沿的技术基础知识的探索，有的则利用已有的技术知识与非相关的技术知识进行整合学习开发新产品，有的集合了多种组织学习活动。

（4）子研究问题三：后发企业应该如何在同样能够取得良好创新绩效的内部知识基和创新网络构成架构类型中选择最适合自身企业发展的架构类型，即不同的架构类型受到什么因素的调节？

首先，本书基于战略导向（技术导向/市场导向）这一情境要素探讨了企业内部战略要素对于后发企业构建有效创新网络的影响。战略导向（strategic orientation）是企业的战略方向，用来指引企业活动使之能够获得持续的更优异的绩效（Scott-Kennel & Giroud，2015）。企业的战略导向会影响企业构建网络过程中的注意力以及资源的分配状况（Li，2005），影响企业的创新网络构建行为进而影响焦点企业的绩效，从而调节由内部知识基和创新网络构成形成的不同架构类型与创新追赶绩效间的关系。

其次，本书基于产业特征这一情境条件进一步探讨了环境要素对于后发企业构建有效创新网络的影响。基于资源观和复杂性理论的研究得出，企业的知识基宽度和深度会交互对企业行为和绩效产生影响（van Wijk，Jansen，Van Den Bosch & Volberda，2012）。企业技术知识是搜索的结果，而新知识通常是现有知识和过去知识的重组（Dosi & Grazzi，2006）。知识基深度更多的是指本地搜索的结果，知识基宽度是指企业跨技术领域学习和搜索的范围，组织可以跨越不同的技术领域开发和积累知识。考虑到企业的有限资源，企业必须选择所处的技术领域及其程度，即企业需要在本地搜索和超本地搜索间权衡。一方面，技术和产品创新需要跨技术领域的一定程度的知识宽度，技术知识类别的拓展能够提升高不确定性环境下企业创新的成功率（Leiponen & Helfat，2010）；另一方面，从交易成本的视角来看，企业拓宽知识基需要一定的成本，同时内部知识基深度的增加会使得知识基领域拓展变得更加有效，从而交互对组织行为和绩效产生影响（Moorthy & Polley，2010）。对于处于不同产业特征中的企业而言，其拓展知识基宽度和深度的成本和风险不同，从而影响具体的内部知识基和创新网络构成的架构。

（5）子研究问题四：后发企业通过构建有效的创新网络进行技术追赶向竞争前沿转型的过程中，如何选择节点群及组织学习平衡模式，其具体路径如何？

首先，后发企业在通过技术追赶向竞争前沿转型的过程中，内部知识基配置会产生相应的变化。企业内部知识基的积累和发展是一个漫长的过程（Dutrénit，2004），不可能一蹴而就。在这一过程中，随着战略目标的变换以及技术知识的累积，后发企业内部知识基在深度和宽度两个维度上都会有变化。

其次，与内部知识基变化相对应，创新网络的具体节点以及相应的组织学习模式也会产生变化。具体而言，当企业技术发展还处于起步阶段，自身知识基深度和宽度都很低时，能够选择的合作伙伴范围会更小，就算与技术领先型的跨国企业建立关系也多为 OEM 等代工基础上对简单技术溢出的模仿学习为主，从跨国企业的角度来看，建立的更多的是资源互补式联盟（在自身拥有先进技术的情况下，利用后发企业廉价劳动力和完备的配套基础设施转移生产），对后发企业而言，所能学习和吸收到的外部知识也有限。只有随着自身知识基逐渐复杂，技术水平不断提升，才能拓展合作伙伴的可选择范围，从而吸引和选择到更优秀的合作伙伴，获取更多高质量的技术知识，也才能将之更好地吸收和整合到企业内部，提升创新追赶绩效。

随着互联网等新兴技术的兴起，一批后发企业成功向竞争前沿转型。对后发企业向竞争前沿转型过程中的创新网络节点选择行为和组织学习模式的分析，能够更好地指导后发企业的合作伙伴选择行为。

1.3 研究对象

首先，本书的研究对象是后发企业，后发企业是指面临技术和市场双重劣势，但试图与国际领先公司进行竞争的企业（Hobday，1995）。市场和资源的全球化使得后发企业一方面面临愈演愈烈的国际竞争带来的挑战，另一方面却为后发企业进入/接触/获取/整合分散在全球的市场和资源带来了机会。越来越多的后发企业通过构建全球化的创新网络来撬动全球资源，快速学习并进行技术追赶。在具体的研究过程中，本书将中国的后发企业作为新兴经济体国家后发企业的代表。

其次，本书进一步选取后发企业中的高新技术企业。因为高新技术企业是我国后发企业进行技术追赶的典型代表，这些企业在通过创新网络的构建进行技术追赶方面做了很大的努力，并且取得了一定的成效，非常符合本书探讨后发企业通过选择合适的技术合作伙伴（群），构建有效的创新网络进行技术追赶这一主题。

再次，本书将研究对象集中于后发企业高新技术企业中的高技术制造业。一方面，高技术制造业一直是我国重点发展的支柱产业，是摆脱我国“制造大国”标签，转型升级成为“创造和制造强国”的关键部门（黄学，2014）。另一方面，高技术制造业属于高技术含量的复杂产品制造部门，复杂产品往往涉及多个部件或要素，每一个部件或要素都要求不同领域的技术知识（Miller，Fern & Cardinal，2007；Xiao，Tylecote & Liu，2013），同一部件内部技术领域知识距离更加相近。无论是传统还是新兴高技术制造企业，其所涵盖的部件或要素上存在差异有的聚焦于单体产品制造，有的聚焦于系统产品制造，同时不同的企业技术积累水平存在差异性，选择合作伙伴构建的创新网络特征也会存在一定的差异性，这一背景很好地契合了本书探索不同内部知识基特征的企业通过选择合作伙伴构建创新网络进行技术追赶的机制这一问题。

最后，考虑到数据的可能性问题，本书选取了浙江省内高新技术企业中的高技术制造业。浙江省作为长三角地区的重要省份，民营经济体活跃，在走出去的过程中始终走在领先的行列，也为本书从全球化的背景来研究企业构建全球创新网络的行为提供了很好的背景。具体而言，在本书的第 3 章和第 6 章分别选择符合子研究要求的案例企业。在第 4 章和第 5 章基于模糊集的质性比较分析法（fuzzy-set qualitative comparative analysis，fsQCA）方法的实证分析中，根据结果变量和条件变量变异的原则选取了浙江省高新技术企业中的 21 家高技术制造业企业作为样本进行具体分析。

1.4 研究设计

1.4.1 研究内容

围绕“后发企业如何通过选择合作伙伴构建创新网络进行技术追赶”这一

核心问题，本书针对分解出的四个子研究问题，设计了四个具体的子研究，图 1.1 和图 1.2 展现了本书研究的整体概念模型。具体的子研究如下。

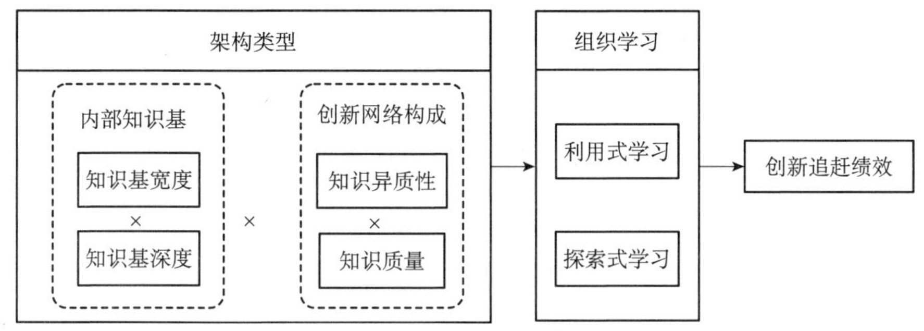

图 1.1　子研究一/二/四概念模型

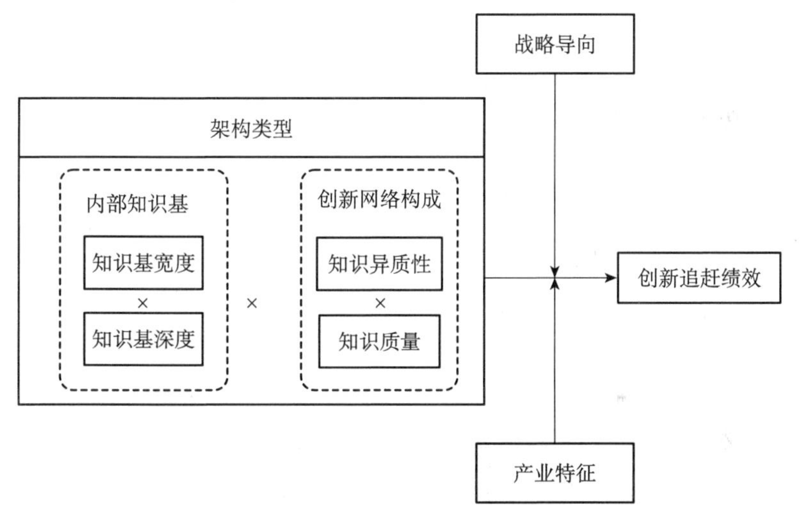

图 1.2　子研究三概念模型

子研究一将针对子研究问题一和子研究问题二，区别于传统的采用权变视角的研究，遵循架构的观点，用横向对比多案例初步探索后发企业技术追赶过程中内部知识基与外部创新网络构成的匹配机制，即不同的内部知识基和创新网络构成的架构类型及对应的学习模式，并比较分析不同的架构类型对创新追赶绩效的作用。该子研究将重点选取 6 家典型的高技术制造业后发企业，分析其现有的内部知识基特征下的创新网络构成的内容，总结出不同的内部知识基和创新网络构成的架构类型，并通过探讨不同架构类型下的组织学习模式以及对比其创新追赶绩效的差异性，得出不同架构类型对创新绩效追赶的影响及中介机制，提出初始命题。

子研究二同样将针对子研究问题一和子研究问题二，在子研究一的基础上，通过实证的方法来验证子研究一得出的内部知识基和创新网络构成架构类型以及不同的类型对创新追赶绩效的影响，验证子研究一提出的初始命题，再通过每个具体案例的分析，进一步验证不同架构类型对创新追赶绩效的中介机制。

子研究三将针对子研究问题三，基于交易成本理论和网络资源观，探索和验证后发企业内部要素（战略导向）和外部环境（产业特征）分别对于不同架构类型对创新追赶绩效的调节作用。

子研究四将针对子研究问题四，选取3家已经成功向竞争前沿转型的后发企业，通过纵向多案例进一步验证后发企业选择合作伙伴构建创新网络进行技术追赶的具体路径和作用机制，即在不同阶段后发企业如何依据内部知识基特征的变化，选择不同的合作伙伴和合作方式构建起“本地—超本地—跨国家边界”的创新网络，从而获取分散在全球的网络知识资源，并选择特定的组织学习方式对外部知识进行消化、吸收、再创新的技术追赶的具体过程。

1.4.2 技术路线

本书在对现实问题观察的基础上，通过对已有相关文献的阅读总结出理论缺口以及目前与该现实问题相关的理论背景，希望基于目前理论发展的新趋势，能够更好地为解决该现实问题提供的新的思路和见解。为了更好地解决后发企业如何通过合作伙伴选择构建有效的创新网络进行创新追赶这一关键问题，本书共分成四个子研究，从探索架构类型和机制、检验架构类型和机制、理论提出和检验企业内部要素和环境要素的调节作用、探索演化路径四个方面进行了综合的回答。图1.3是本书的技术路线图。

子研究一采用架构的视角，首先探索后发企业在技术追赶过程中通过选择不同的合作伙伴形成的内部知识基与创新网络构成的架构类型以及作用于创新追赶绩效的相应的中介机制。主要通过对6家来自高技术制造业的代表性企业的横向案例对比分析，得出能够取得更好的创新追赶绩效的内部知识基和创新网络构成的架构类型及相应的中介机制，并提出基于架构观点的初始命题。

子研究二同样采用架构的视角，在子研究二的基础上，通过模糊集质性比较分析法，进一步探索和验证后发企业通过选择不同的合作伙伴来构建创新网络、进行技术追赶，进而形成的内部知识基和创新网络构成的架构类型，并总结不同

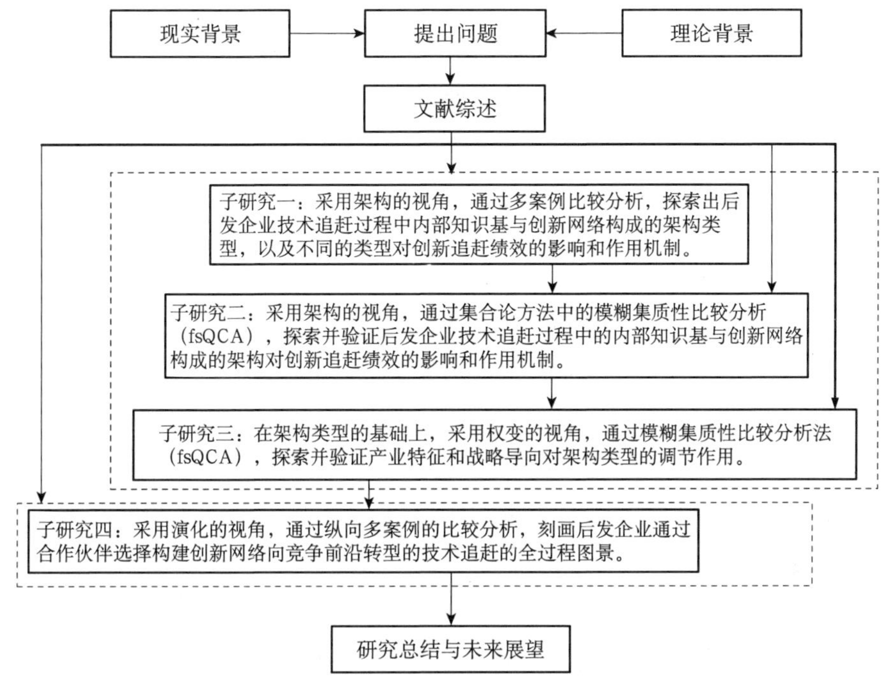

图1.3 技术路线

的架构类型对创新追赶绩效的影响以及相应的中介机制，从理论和实践两方面对结果进行阐释。

子研究三将在架构的视角上，进一步采用权变视角，基于交易成本理论以及网络资源观，通过模糊集质性比较分析法探索和检验企业内部要素（战略导向）和外部环境要素（产业特征）对不同架构类型的调节作用，并进行阐述。

子研究四将采用演化的视角，通过对3家成功向竞争前沿转型的案例企业的纵向对比分析，实证揭示后发企业选择合作伙伴构建创新网络进行技术追赶的全过程图景。目的是描绘出后发企业技术追赶过程中如何根据内部知识基的变化配置节点群以及组织学习模式的具体演化过程，为企业构建有效的创新网络做进一步地指导。

1.4.3 研究方法

本书采用定性研究和定量研究相结合的方式，通过规范研究和实证研究相结合的研究方法，试图对本书的研究问题进行综合的探索和检验，以期得出更稳健的结论。具体而言，本书拟采用的研究方法主要有文献研究、案例分析、规范分析、基于模糊集的质性比较分析法，具体如下。

（1）文献研究：主要借助学校数据库、图书馆馆藏图书资源、互联网数据的方式进行文献的搜索，对于学校数据库未购买并且通过其他方式下载不了的文献会求助国外的同学进行下载。在此基础上，对合作伙伴选择、创新网络构成研究、后发企业技术追赶、组织学习、质性比较分析等重要的相关文献进行全面的搜索、下载、归类、整理、分析。对后发企业技术追赶研究、创新网络研究、组织学习二元平衡的研究等重要方面的研究进展进行了综述，确定了研究问题的理论基础以及现有研究的理论空白，为本书的各个子研究的开展奠定了理论基础。此外，还对基于集合论的方法这个重要的方法进行了综述，更好地阐述本研究运用这个方法的动机。

（2）案例分析：主要用于探索后发企业技术追赶过程中内部知识基与创新网络构成的架构类型以及其具体的影响机制，并通过对成功向竞争前沿转型的后发企业的分析得出具体的演化路径。子研究二主要通过对 6 家企业的横向对比分析得出内部知识基与创新网络构成的架构类型以及不同架构类型对追赶绩效的影响和作用机制。子研究四通过对 3 家成功向竞争前沿转型的后发企业技术追赶过程中创新网络演化的分析，得出具体的路径。

（3）规范分析：在对现有文献研究总结的基础上，结合研究的实际情况确定了研究的理论模型和解释基础，并结合后发企业技术追赶的实际情况，构建起了“内外部知识架构类型—组织学习—创新追赶绩效”的逻辑思路，最终通过定性的探索和定量的验证给出指导实践的具体建议。

（4）集合论方法（set-theoretic approach）：基于 fsQCA 是集合对条件变量和结果变量的定性分层分析，再通过布尔代数定量运算进行分析的一种方法，是集合论方法的主要方式。在组织与战略研究中，组织架构的研究变得愈加重要，其认为不同特征的多维度集合共同对结果起作用。本书主要采用架构结合权变的视角来探索研究问题，涉及多维度变量构成的不同类型，基于表 1.1 对于架构方法的比较显示，目前大部分实证研究还是借助于计量经济学方法，其本质强调的是线性（linearity）、附加效应（additive effects）和单一结果（unifinality）。在解释结果变异上，变量之间的关系是竞争性的，换言之，操作时一般认为其他变量值不变的情况下，特定变量对结果变量的贡献是特定变量对结果的平均净效应（average net effect），与架构的基本假设即特定要素的出现与否对于结果是否有意义不符，而集合论方法对于解决架构非线性（nonlinearity）、协同效应（synergistic effects）和殊途同归性（equifinality）最适合。此外，与案例研究相比，集合论方法可以增强多案例研究结果的普适性（Ragin，2009），允许对多案例研究中推测得出的因果模式（Conjecturalcausal patterns）做出更加系统性的分析（Verweij，Klijn，Edelenbos & Van Buuren，2013）。相比于传统线性的大样本实证方法，这种方法可以在更大程度上保证构念的内容效度和研究过程的分析深度（黄学，2014）。此外，集合论方法对于样本量的要求相比于传统实证方法要小，且不包含对样本量分布的要求（Ragin，2009）。同时，fsQCA 的方法非常适合分析复杂的因果关系，也利于解决复杂问题的殊途同归性问题，是对架构研究最适合的方法（Fiss，2007；Fiss，2011）。

表1.1　　架构不同方法的解释与不足

实证方法	解释	不足
聚类分析（大部分）	通过聚类的方法识别具有特定相似特点的不同的企业组，然后用方差分析（Analysis of Variance，ANOVA）或多元方差分析（multivariate analysis of variance，MANOVA）来看不同的群组之间结果的差异性	得出的结论是所有影响因素的组合对结果的影响，每个架构内部结构是黑箱，不能解释单个变量的贡献以及变量组合如何贡献于结果； 由于掺杂非相关因素，可能导致同类型架构涌现出多类型聚类结果； 结果很容易受到样本、变量、变量数值范围、相似性测度和聚类方法选择的影响，结果不具有稳定性
交互效应	二重或三重交互	超过二重交互就很难解释了，三重交互是现有回归能解释的极限，而且对其解释力和稳定性还存在质疑； 是非线性，但不能解决殊途同归性
偏差分数	先理论构建一个“完美”的类型及其对应架构的实证，然后通过计算样本与“完美”架构间的偏差分数来验证假设，偏差分数越大，结果越不好	“完美”类型的得出仍然受样本影响（取样本平均值或者平均值加/减一个标准差）； 结果对“完美”类型很敏感； 不能解释到底是架构中那部分不匹配导致结果不好

资料来源：根据费斯（Fiss，2007）整理。

运用 fsQCA 时需要根据样本信息，提炼每一个变量的相关信息，再通过相关信息对每个变量的模糊集进行赋值，需要基于理论和实质性经验，通过打分的方式给每个样本的每一个构念或构念维度编码。按照所选择的集合分层类别，可分为三值模糊集（three-value fuzzy set）、四值模糊集（four-value fuzzy set）、六值模糊集（six-value fuzzy set）和连续模糊集（continuous fuzzy set）四种，一般使用四值模糊进行编码。随后按照编码后得到的矩阵，运用 fsQCA 软件进行布尔代数运算，从而最终得到的解决方案（solution），这些解决方案既包含了不同条件变量间的关系/组合模式，同时也包含了其与结果变量间的关系，是得到相应结果的（不同）路径（Ragin，2009）。最后，在案例和理论的基础上对所得因果路径做出解释（Ragin，2009）。

1.4.4 章节安排

本书主要分为七章，分别为绪论、文献综述、对内部知识基和创新网络构成内容的架构类型和作用机制的探析、对架构类型和具体作用机制的验证、对战略导向（技术导向/市场导向）和外部环境（产业特征）的调节作用的探析、对演化路径的多案例实证分析，最后是研究总结。在研究内容、技术路线、研究方法和章节安排的基础上，搭建起图 1.4 所示的全书的章节安排框架。

第 1 章为绪论，主要阐述该书研究的现实背景和理论背景，并在此基础上提出本书的核心问题和子研究问题，确定研究对象，并围绕具体的研究问题从研究内容、技术路线、研究方法以及章节安排四方面详细介绍了研究设计，并介绍了本书可能的主要创新点。

第 2 章为文献综述，全面、系统地梳理了后发企业技术追赶、合作伙伴选择、网络构成研究和组织学习二元平衡等相关的文献，阐述了这些研究目前存在的局限性，也为本书的开展奠定了理论基础，同时对集合论方法进行了概述，为本书选择此方法进行了初步的解释。

第 3 章为横向多案例对比研究，区别于以往研究采用的传统线性思维，采用架构的视角，探索内部知识基与创新网络构成形成的架构类型以及其对创新追赶绩效的影响和作用机制，遵循“构建有效的创新网络能够取得更优的追赶绩效”这一思路，探索出后发企业技术追赶过程中，构建有效的创新网络的架构类型及其中介机制，提出初始命题。

第 4 章为质性比较分析研究，采用架构的视角，通过 fsQCA 的方法来进一步验证子研究一得出的初始命题。通过对实现更优创新追赶绩效的条件集合的分析，一方面看是否有遗漏别的条件组合，即其他内部知识基与创新网络构成的架构类型及相应的作用机制；另一方面验证不同的架构类型对创新追赶绩效的影响和作用机制。

第 5 章同样为质性比较分析研究，在架构的基础上进一步采用权变的视角，通过 fsQCA 的方法进一步实证和检验战略导向与产业特征对不同架构类型的调节作用，并进行解释。

第 6 章为纵向多案例对比研究，通过对成功向竞争前沿转型的后发企业技术追赶过程的分析，探明后发企业向内部知识基、创新网络构成与创新追赶绩效间

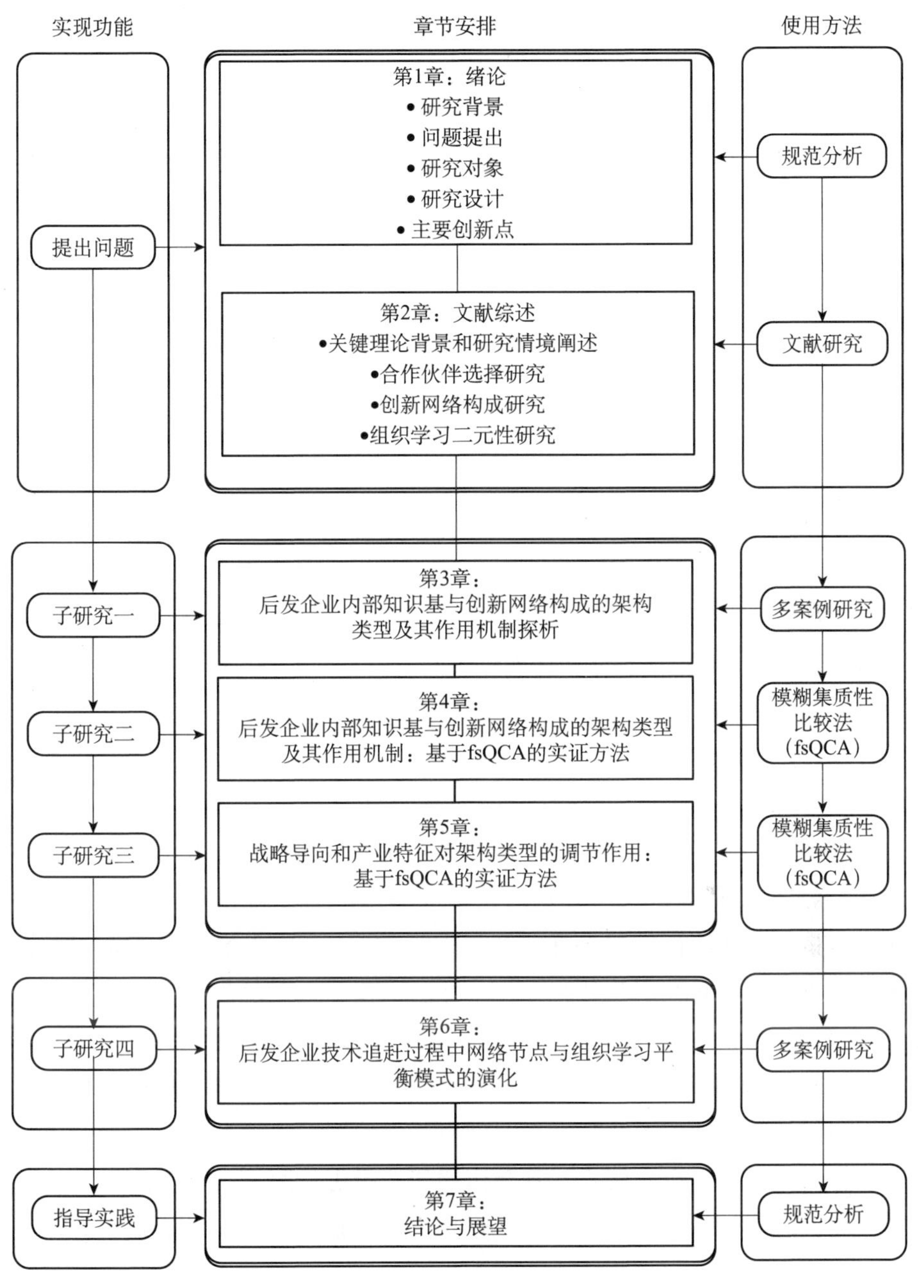

图 1.4　研究框架与章节安排

相互作用、相互影响的具体过程，即企业如何随着内部知识基架构特征的变化，配置节点（群）以及组织学习平衡的模式进行技术追赶，刻画出后发企业技术追赶过程中构建有效的创新网络的具体路径。

第7章为结论与展望，基于以上四个子研究得出的具体结论，在文献研究和回顾的基础上，阐明本书可能的理论贡献以及管理启示，总结可能存在的不足以及未来的研究方向。

1.5 主要创新点

本书从知识的视角出发，搭建了以“内部知识基与创新网络构成的架构类型—组织学习—创新追赶绩效”为框架的有效的创新网络构建路径，对后发企业的合作伙伴配置问题提供一定的方向和建议。以此为主要目标，在以下三方面有一定创新。

（1）区别于以往研究传统的线性研究，结合架构视角和权变视角，进一步解剖了后发企业构建有效的创新网络进行技术追赶的合作伙伴选择机制。

首先，本书聚焦于后发企业通过选择合作伙伴构建创新网络进行技术追赶这一新情境来研究其背后的合作伙伴选择机制。以往关于合作伙伴选择的研究主要存在以下空白和局限性：一是聚焦情境不同带来的研究空白，二是聚焦于单方选择决策而带来的局限性。具体而言，以往关于合作伙伴选择的研究情境一般聚焦于联盟，且以单一类型的合作对象为主，或供应链（Rogan & Sorenson，2014）、或大学/研究机构（Mindruta，2013）、或企业间联盟（Diestre & Rajagopalan，2012）。事实上，企业在同一时间内与不同类型的合作伙伴构建关系以期获得不同类型的资源共同作用于企业行为/结果，从综合的角度来考虑企业的合作伙伴选择行为很有必要。此外，合作伙伴的选择是双向的经济行为，很少有研究更为深入地探索与双方合作者特征相关的合作结果背后的选择机制（Mindruta，2013），因而仍然不能很好地解释企业自身的独特性及其构建的创新网络构成内容间的差异性关系及其对企业创新输出的影响。尤其是对于面对市场和技术双重劣势的后发企业而言，其合作伙伴选择更加面临“高不成低不就”的尴尬局面，网络伙伴的技术知识水平过高会导致整合困难，过低则学习效应不明显。

其次，区别于以往的研究，本书聚焦于后发企业通过构建创新网络进行技术追赶这一情境，在认为合作伙伴选择是一种双向经济行为的基础上，结合架构和权变的视角，进一步解剖了后发企业构建创新网络进行技术追赶的合作伙伴选择机制。由于后发企业自身和合作伙伴特征的多重性、合作伙伴选择的复杂性以及不同类型的后发企业选择不同特征的合作伙伴可能带来的殊途同归性，本书在以往研究的基础上，进一步采用架构的视角，探索了后发企业选择合作伙伴形成的内部知识基和创新网络构成的不同架构类型，以及其与创新追赶绩效间的关系和具体的作用机制。

（2）理论提出和实证检验了后发企业内部知识基与创新网络构成的不同架构类型对创新追赶绩效的影响机制。

不同特征的后发企业在选择合作伙伴上，基于不同的机制呈现出不同的内外部架构的类型，分别作用于创新追赶绩效，探讨什么样的内外部架构类型能够更好地提升创新绩效十分有必要。后发企业在试图通过构建学习主导的合作关系（即构建创新网络）获取先进的技术知识更快地进行技术追赶。在这一过程中，考虑到合作伙伴选择的双向性，不同特征的后发企业在合作伙伴内在匹配机制的作用下只能与特定范围内的合作伙伴构建起关系，因而形成多种架构类型。例如，当后发企业自身技术水平较低时，从合作伙伴角度来看，优秀的合作伙伴会因为后发企业自身无太多可取之处而不愿意与之形成学习导向的合作关系，缩小了后发企业可选择的合作伙伴范围，使得后发企业难以获取优秀的技术合作伙伴；而当后发企业自身技术水平较高时，逐步扩大可选择的合作伙伴范围，才能与更优秀的合作伙伴建立关系，从而产生不同特征的后发企业通过选择不同的合作伙伴构建起不同特征的创新网络，从而形成多种架构类型。

因此，本书在回顾以往遵循权变观点的合作伙伴选择等研究的基础上，围绕“后发企业构建创新网络获取更优创新追赶绩效”这一思路，采用架构结合权变的观点，通过探索式多案例和实证的方式提出和检验了后发企业通过构建创新网络进行技术追赶过程中的合作伙伴选择机制，总结了不同的架构类型，并揭示了不同的架构类型对创新追赶绩效的影响及具体的作用机制。

（3）识别了不同特征的后发企业构建有效的创新网络的具体路径。

后发企业在从缺乏技术和市场劣势出发到成功转型为创新企业的过程中，花费大量资源进行结网（例如，研发网络）等活动（吕国庆、曾刚、马双、刘刚，2014），一方面，通过内部研发提升自身技术能力以及对外部技术资源的吸收能力；另一方面，通过构建包含多元化行动者的创新网络获取互补的创新资源，通过不同的学习模式的交互整合内外部资源，参与全球竞争，其内部资源与外部创新网络相互影响，并呈现出一定的规律。

因此，本书从知识的角度出发，通过内部知识基宽度和深度联合刻画不同企业以及企业在不同阶段的内部知识基特征，通过知识异质性和知识质量联合刻画不同合作伙伴构成的创新网络内容，从组织学习平衡的角度来剖析后发企业内外部知识的整合活动，并且通过不同企业在不同阶段的内部知识基、创新网络节点构成、组织学习的相互作用和演化呈现出了后发企业通过构建创新网络进行技术追赶的演化路径。具体而言，本书捕获了后发企业在不同阶段由于内部知识基特征的变化、合作伙伴对象的变化、学习模式的变化而呈现出的后发企业在内部知识基和创新网络构成架构类型和具体作用过程的变化，为不同的企业如何一步步选择不同的合作伙伴构建有效的创新网络进行技术追赶提供了可借鉴的路径。

第2章 文献综述

围绕本书研究的核心问题，本章对研究所涉及的文献进行了系统的综述，主要包括相关概念的综述以及与本书紧密相关的合作伙伴选择研究、创新网络构成研究、组织学习二元性研究的综述，识别了研究的空白，也为后续研究奠定了理论基础。在本书中，网络资源作为重要的研究视角，桥接了传统资源观和社会网络理论，是研究理论的落脚点，即企业要从其所嵌入的组织间关系中获益，节点（群）的资源禀赋特征以及焦点企业自身的资源和能力都是关键，后发企业技术追赶是本书研究的具体情境，在这一情境下，聚焦于有效创新网络构建这一核心问题。围绕这一核心问题，以往的研究分别从合作伙伴选择这一事前行为，以及以既定的创新网络为背景探讨网络对组织创新行为和绩效影响的相关问题进行论述，后者属于构建网络的事后行为，即在既定的网络下通过选择具体的网络结构/关系配置、治理方式最大化网络收益。此外，组织学习是企业整合内外部资源，获取网络收益的具体中介机制，在不同的架构类型下，企业需要在探索式学习和利用式学习之间做出选择，以及在特定架构类型下对取得探索式学习和利用式学习平衡的具体模式做出选择。因此，本章对研究涉及的相关概念，以及与本研究核心问题紧密相关的合作伙伴选择研究、创新网络构成研究和组织学习二元性研究几方面进行了综述。

2.1 关键理论背景和研究情境阐述

2.1.1 网络资源观具体构念的内涵特征、理论定位与作用机制

企业竞争优势来源一直是战略管理领域学者的研究重点，随着企业结网活动的频繁化，组织间关系研究成为战略研究的重要焦点（Gulati，1999）。学者普遍

基于资源观和社会网络理论来解释组织间关系对企业绩效和行为的影响。然而，资源基础观的基本假设是企业具有所有权的有价值的、稀缺的、难以模仿和替代的（Valuable，Rare，Imitable，Non-subsitituable，VRIN）资源是竞争优势的来源，它采用内向性视角，将企业设想为独立的实体，并认为资源具有异质性和不完全移动性的条件。这样，就不能够解释如何在"企业与联盟合作者保持频繁的和多重合作关系"的环境中获取竞争优势的问题（Lavie，2006）。社会网络的理论从外向性视角来看待企业的竞争优势来源，主要从结构和关系属性来分析组织间关系对企业行为和绩效的影响，由于其视节点为均质，便很难解释相同的结构和关系下企业的不同行为和绩效问题。

网络资源观（也称为拓展的资源观）桥接了传统资源观和社会网络理论，认为每个组织都是资源的异质性实体，从节点资源异质性的基本点出发，为组织间网络和联盟组合的研究提供了新的方向（Lavie，2008）。"网络资源"这一概念，通过关注组织间关系的社会网络研究，丰富了公司战略层面的社会结构理论（Westphal，2008）。网络资源作为一个重要的构念得以发展，下面将具体阐述网络资源构念的内涵和特征、理论定位以及其对企业绩效的具体作用机制。

2.1.1.1 内涵特征

组织层面研究中的"网络资源"从提出到现在已经发展了十几年，网络资源的内涵也经过了不同的变化和发展，并呈现出逐步聚焦的趋势。根据之前的文献，可以提炼出三个不同的关于网络资源的定义，这些定义根据概念的范围和落脚点而变化（Lavie，2008）。第一，网络本身就是一种资源，能够提供给嵌入在其中的企业好处（Kogut，2000）。但这种定义太宽泛，不能与其他普遍被使用的构念（例如社会资本、网络嵌入性、关系资本等）相区分，因此，它的使用存在一定的局限性。第二，从社会网络的视角来看，网络资源是一种从企业与外部相关方连带中产生的有价值的资源（Gulati，1999；Lee，2007；方刚、胡宝亮，2010）。这一定义相对狭窄，将网络资源落脚于组织连带，认为组织连带作为网络资源能影响企业的行为和绩效。第三，从拓展的资源观视角来看，网络资源是企业的合作者所拥有的资源，但是能够通过与合作者的连带所获取（Lavie，2006），这些网络资源包括合作者的知识产权、市场渠道、制造设备、工作人员和一系列其他有形或无形的资源。这一定义同样更聚焦，但将网络资源落脚于处于网络节点的合作者，认为网络资源是由合作者企业所拥有的，组织间连带仅仅是充当了传递资源的通道。虽然连带和合作者的资源禀赋对企业从网络中产生价值的能力都至关重要，但是根据这一定义，连带不等同于资源。熟悉资源禀赋良好的合作者并不能代替组织间关系，与合作者的有效连带也并不能保证有价值的资源确实能被焦点企业所使用，企业需要综合考虑合作者的资源条件以及连带的有效方式，以期接触到合适的有价值的资源溢出。

网络资源研究为企业间的网络研究提供了新的视角。但正如古拉提（Gulati，2007）所指出的那样，网络资源这一概念现在还相对不固定，还需要未来的学者对其做出进一步的描述和分类（Huggins，2010）。因此，学者们开始呼吁进一步修正和聚焦这一概念，将网络资源这一概念与其他被普遍接受的构念相区分，这样，网络资源的研究价值才能进一步显现。

目前，大部分关于网络资源的研究对网络资源的界定都停留在第二种解释上，用来探索由企业直接连带所构成的网络的结构及关系如何影响企业的行为或绩效。现在也有一些新的研究逐步将网络资源的界定转移到更聚焦的第三种解释上，并且提供了新的证据来说明合作者的创新性、显著性和其他有形或无形的资源等对企业绩效的促进作用，这类研究主要聚焦于合作者的资源，而不是连带的质量或者是网络结构属性，是一种通过非市场交易行为得到的网络连带过程中的资源溢出和转移。

为了进一步理解网络资源概念的内涵，本书沿着网络资源观的视角，聚焦于网络的资源形态，从网络资源的属性、来源及结果三方面进行阐述。

第一，网络资源是一种特殊的资源，是企业通过非市场交易行为得到的网络连带过程中的资源溢出和转移。网络资源作为一种特殊的资源，通过捕获由不同的网络关系构建的组织网络中成员的无意识资源溢出和有意识的资源转移来表征企业网络的构成内容，而这也正是目前众多网络研究所忽略的。因此，就算处于相同的网络位置，由于企业网络构成内容的差异性，不同的企业所能接触和获取到的成员溢出和转移的资源也有差异，所能占用的优先权和主导权也不同，因而会对企业起到不同的影响。

第二，网络资源来源于企业为了某一经济目的参与或主动构建的传递重要资源的企业间网络。企业对网络资源的获取拥有一定的主动性，但又受制于网络资源的路径依赖特征。有实证研究证明，企业过去连带的频率和合作者的身份对于网络资源的获取和使用都很关键（Gulati，1999）。与人际间网络纯粹基于情感和社会化需求的出发点不同，企业一般基于某一工具性的目的而主动构建网络，配置与企业自身需求相对应的网络资源，来达到企业的经济目标。

第三，网络资源的结果具有双重性。组织主动构建外部连带来获取所需的网络资源，可以为企业带来收益，但是同时也会导致企业面临一定的风险。一是锁定的风险，网络资源本身具有路径依赖的特点，企业容易锁定于过去的连带而带来网络资源的锁定；二是管理成本过高的风险，随着企业外部网络的扩张，网络资源的数量、范围增加，可能会导致管理成本上升，超过网络资源可能带来的收益；三是溢出过剩的风险，企业在获取网络成员的异质性资源溢出和转移的过程中，同样也会面临自身资源溢出的可能，如果自身溢出超过外部溢入，就会破坏企业的收益。

通过对网络资源内涵和特征的梳理，可以发现，网络化情境下基于资源的竞争优势更多地来自企业内外部资源的协同。同时，不完全可模仿性、不完全可替代性这些在传统资源观中提到的获取竞争优势的条件在网络化环境中发生了变化。不完全可模仿性更少地取决于资源的本质，而更多地取决于企业和它的合作者的关系的本质；不完全可替代性也由于企业可以通过外部连带获取所需的资源而变得不那么重要了（Lavie，2006）。换言之，除了企业自身拥有的以及可以从市场上交易得到的资源以外，还应该考虑企业所处网络中通过非市场交易所能接触到的合作者的资源，而对这类通过溢出和转移能够获取到的资源更多地取决于企业与合作者间的关系。

依据学者在不同阶段对网络资源的不同定义，网络资源的维度划分也有所不同（见表2.1）：网络资源提出的初始阶段，学者们并未将其与社会网络理论相关的一般概念做出明确地区分，只是简单地将企业的网络属性等同于网络资源，如市场连带和网络地位（Jensen，2003）；随着研究的深入，网络资源构念的内涵开始聚焦，逐步有学者提出网络资源捕获的是节点的资源属性，但仍有部分学者未区分资源本身以及传递资源的通道，将网络资源与于网络结构、网络关系混淆在一起（方刚、胡宝亮，2010）；此外，也有一些学者开始直接聚焦于节点的资源本身（研究内容主要以企业通过网络能够接触到的信息资源为主），视网络结构和关系为传递网络资源的通道和方式（也有一些研究并未对网络资源作出维度的划分），例如，古拉提（Gulati，1999）首次提出网络资源的时候将其视为信息，通过企业的网络中心度来衡量企业获取的信息的程度；陈泰恩（Chen，2003）研究网络资源对台湾企业国际化进程的影响时，提到企业的网络资源包括人际技能、金融资产、市场机会、技术能力等，对网络资源概念的操作化做出了进一步地努力（Gulati，Lavie & Madhavan，2011；Lee，2007）。

表 2.1　　网络资源的维度划分

划分依据	维度划分	文献出处
网络属性	市场连带、网络地位	(Jensen，2003)
资源属性	信息质量、信息数量、信息多元性	(Lee，2007)
网络属性和资源属性	网络结构资源、网络关系资源和网络位置资源	(方刚，2008)
	网络结构资源、网络关系资源和网络节点资源	(方刚、胡宝亮，2010)

资料来源：根据相关文献整理。

根据网络资源内涵的发展，可以看到，网络资源的概念在进一步地聚焦的过程中，单纯地用网络的结构属性和关系属性维度来表述网络资源显然是不合适的，也不能将企业在所处网络中的结构以及连带关系的质量与实质性的网络资源混淆。因此，需要跟随学者们进一步修正和解释网络资源这一概念，对于网络资源维度的进一步划分应该聚焦于企业通过连带所获取的网络中的资源，并依据资源的特征来划分。

通过梳理现有的关于网络资源实证研究的文献，可以发现，目前实证维度仍然停留在中心企业通过网络所能接触和获取到的信息特征的维度刻画上，基本可以总结为信息质量、信息数量以及信息异质性三个维度。信息质量指的是企业所能接触和获取到的网络信息的价值本身以及企业通过这些关系获取的信息的本质，刻画了企业整体的联盟经验以及与现有合作者的合作历史；信息数量指的是企业所能接触和获取到多少节点的信息，在一定程度上刻画了企业在网络关系中的嵌入性，即合作连带作为信息通道的宽度；信息异质性指的是企业所能接触和获取到的合作者信息的多样性，不仅刻画了合作者数量，同时也反映了合作者的特征以及他们之间的关系（Lee，2007）。

2.1.1.2　理论定位

网络资源观可以看成是社会网络理论和资源观理论交叉所产生的研究视角，下面来简要回顾社会网络理论和资源观理论。

第一，社会网络理论。在组织间关系研究中，该视角主要聚焦于网络结构和连带质量，将获取存在于外部的资源作为其中的一个机制来解释网络对组织行为和绩效产生的影响。结构流派的研究聚焦于网络的结构属性，用组织所处的网络地位来解释企业从网络中获取的收益（Ahuja，Soda & Zaheer，2012；Baum，Calabrese & Silverman，2000；Gulati，1999；Kapoor，2013）。这类研究强调结构洞（Burt，1993）、中心性（Bonacich，2007）、结构对等性（Burt，1987）、密度（Coleman，1988）等网络属性在企业获取信息等资源上有不同的优势，从而对绩效产生影响。关系流派的研究强调连带的质量在塑造网络获取的收益上的影响。这类研究认为，互相信任、信息的共享、共同问题的解决可以增强交易关系，这些都会增强组织对网络中的资源的获取（Dyer & Singh，1998）。这两个流派的研究都将网络节点视为均质的，表明了焦点组织在开发网络提供的机会上有不同的能力。

第二，资源观理论。根植于彭罗斯最初的贡献，资源基础观（Resource-Based View，RBV）采用了内向性视角，将企业视为包含特殊资源束的异质性实体。在迪瑞克斯和库尔（Dierickx & Cool，1989）等的研究基础上，巴尼（Barney，1991）提出了一个升级的框架，识别了具有 VRIN 性质的资源在解释企业持续竞争优势来源上的作用，其基本假设是企业对资源的所有权。随着联盟等合作形式的扩散，RBV 被应用于解释联盟形成的基本原理、治理结构和绩效方面（Eisenhardt & Schoonhoven，1996）。但在这些研究中，RBV 仍然支持战略资源异质性和资源不可移动性的观点，认为给予竞争优势的资源必须限定在企业边界内。

社会网络理论聚焦于网络的结构和关系属性，忽略了对不同企业整合不同节点资源所带来的异质性；资源观理论聚焦于资源本身，将资源限制在企业内部，忽视了社会因素的影响。然而，网络与资源并不能完全剥离，企业建立网络是为了获取外部资源，外部资源需要通过建立有效的网络才能流动或溢出到焦点企业并为其所用。网络资源概念的提出桥接了资源观理论和社会网络理论（Huggins，2010；Lavie，2006），是对传统资源观在社会网络情境中的拓展，因此，也有部分学者称其为网络资源观。目前，随着网络资源研究的慢慢深入，网络资源研究开始逐步趋于一致的架构性认识，聚焦于网络的资源形态，用来捕捉网络异质性节点所构成的资源属性，将网络的连带结构视为传递网络资源的通道，将网络的关系属性视为传递网络资源的一个影响因素。

2.1.1.3 作用机制

在组织间关系的研究中，网络资源观作为解释焦点企业所嵌入的企业间网络如何起作用这一基本问题的研究视角，在研究中的解释机制随着概念的聚焦也产生了相应的变化。在网络资源概念提出的最初阶段，并没有仔细地区分网络的结构、关系、构成内容等要素。学者们在应用该概念来解释企业在网络中的行为时，往往会同一般社会网络理论的解释机制混在一起，主要从网络闭合、关系嵌入、配置锁定、中介（brokerage）、组合异质性这些结构和关系的角度来解释。

其中，网络闭合机制认为网络闭合能减少不完备信息的风险，通过历史反复交互发展而来的紧密的个人关系是更可靠的交流通道，而且第三方的存在会制裁机会主义行为，这样就能减少信息收集时间，同时提高信息质量。关系嵌入机制认为良好的关系嵌入能保证个人间的亲密关系、拥有共同的语言，增强相互间动机、过程、惯例的认识和理解，形成声望效应，是更可靠的沟通渠道，同时能保证获取高质量的信息。配置锁定机制阐述了关系过分嵌入所带来的负面影响，会降低企业应对内外部变化环境的灵活性。中介机制认为占据社会关系的十字位置能够以更高的效率获取更多的信息，一方面，能提高企业更早地学习到新知识的可能性；另一方面，能与相对较少冗余的信息来源联系，在平均的单位时间内企业收到更多的独特信息。组合异质性机制认为网络构成的多样性能够提供不同的、互补的非冗余信息，减少冲突及复杂性（Lee，2007；Wassmer & Dussauge，2012）。

随着网络资源研究的逐步深入，有学者指出，虽然组织间网络研究已经提出了不同的视角来看待这样的连带网络如何塑造组织行为和绩效结果，但是他们很少关注驱动这些效应的潜在机制（Gulati et al.，2011），同时，网络资源的具体作用机制也未聚焦于其具体的资源特征。因此，古拉提等（2011）在对企业间网络多年研究的基础上，提出了范围（reach）、丰富性（richness）以及接受能力（receptivity）三个机制共同构成来解释网络资源如何有助于组织绩效：第一，范围是组织网络与多元的以及遥远的合作者联系的程度；第二，丰富性代表了通过组织与合作者的连带，组织可以使用的资源的潜在价值；第三，接受能力代表了组织能够跨越组织间边界获取并且传递网络资源的程度。其中，范围说明了组织网络连带有多广泛且异质，丰富性描述了合作者供应的资源组合价值的特征，接受能力描绘了组织能力以及合作者连带的质量如何促进网络资源的流动。这三个机制的相互作用决定了组织从网络中获取的收益，具体而言，范围和丰富性共同决定网络的潜在价值，而接受能力是实现这一价值的关键。

2.1.2 后发企业技术追赶的定义内涵、研究视角与影响因素

2.1.2.1 后发企业技术追赶的定义与内涵

著名的历史学家格申科隆（Gerschenkron，1962）在研究欧洲后工业国家（德国、奥地利等）于 19 世纪通过利用工业化国家的先进技术，在避免制度障碍的情况下取得后发国家工业化优势的过程中，首次提出后发（latecomer）一词。到 20 世纪前后期日本、韩国、中国台湾地区、新加坡等国家和地区的工业化崛

起，越来越多的学者开始研究后工业化国家通过引进发达国家先进技术、实施出口导向战略、发展劳动密集型加工产业等一系列举措实现经济腾飞这一重要的新现象，逐步奠定了后发企业技术追赶的研究基础。

霍布德（Hobday，1995）将后发企业定义为在采用出口导向的市场竞争战略中既面临技术劣势又面临市场劣势的现有的制造业企业，技术劣势是指后发企业作为发展中国家的企业远离国际主导技术和研发；市场劣势是指由于高端的主流的市场被技术复杂性程度更高的领先企业所占领，后发企业在出口导向性市场战略下缺乏主流市场和客户，通常只能面对低端、小范围本地以及简单的市场和客户。马修斯和金东顺（Mathews & Cho，1999）进一步提出，后发企业需要满足四个条件，分别为：一是由于历史条件而非企业自主选择的产业后进入者，二是缺乏技术和市场准入等初始资源的企业，三是以赶超发达国家领先企业为基本目标，四是具有低成本制造等竞争优势。然而，将后发企业局限于出口导向型企业并不适用于中国情境（江诗松等，2012），且与中国企业在学习过程上存在差异性（Xie & Wu，2003），因此，参考江诗松等（2012）对后发企业的定义，本书将后发企业具体定义为面临技术和市场双重劣势且以技术追赶为目标的发展中国家的本土企业。

通过对以往的文献分析，依据不同的追赶类型可以分为技术追赶和市场追赶，本书主要聚焦于技术追赶，即后发企业对于自身技术能力、创新能力等的追赶（Awate，Larsen & Mudambi，2012；Lee & Lim，2001）。根据技术追赶的不同状态又可分为追赶和跨越，李坤和林柴森（Lee & Lim，2001）认为，技术追赶是指后发企业以相对速度在特定的技术轨道内和先发企业进行竞争，而技术跨越是指后发企业跨过旧的技术轨迹，避免了先发企业技术上的大量投资，从而超过先发企业。因此，赶超是指后发企业与先发企业之间技术发展的相对速度与位置，后发企业通过技术快速进步逐渐缩小与领先企业的距离，甚至在特定条件下超过领先企业的状态（蒋再文、王涛、江积海，2011）。

2.1.2.2　后发企业技术追赶的研究视角

对于后发企业技术追赶的研究，其最先主要聚焦于组织学习的视角，探讨了跨国企业在后发企业技术追赶过程中扮演的作用，但更重要的是聚焦于后发企业自身努力这一相对封闭的角度来提升技术能力。随着全球化、全球价值网络重构等新情境的出现，逐渐出现更多更加开放的视角来探讨后发企业技术能力的提升问题。下面将具体从组织学习、二次创新、边界拓展、破坏式创新等视角简单总结后发企业技术追赶的研究。

基于组织学习的视角主要研究后发企业如何在自由贸易、国际代工、吸引外商直接投资（Foreign Direct Investment，FDI）等手段下通过“干中学”的方式进行学习，跨国公司在后发企业学习的过程中起到了重要的作用，在加强与发达国家企业的沟通和联系以及密切合作的过程中，通过对其技术溢出的模仿学习到利用式学习再到探索式学习，逐步提升后发企业自身的技术能力。新兴经济体中的后发企业在与跨国公司连带的很长时间内，都只是对跨国公司的技术溢出进行模仿学习，并未形成利用式学习的能力。随着技术引进积累和消化吸收逐步形成一定的技术能力后，才能进行利用式学习。有的研究聚焦于对跨国企业技术溢出的模仿学习过渡到利用式学习的阶段（Mathews，2002；吴勇志、范黎波，2011），有的研究则聚焦于自主创新能力的形成等（郭熙保、文礼朋，2008）。

基于二次创新视角的研究认为，与最初对日本、新加坡等后发国家/企业采用出口导向型技术追赶不同，中国等发展中国家本身拥有巨大的本地市场，更多地采用本地市场导向，我国的后发企业主要通过“引进—消化吸收—再创新”的过程进行追赶。基于此，有学者在发达国家“一次创新”概念的基础上提出“二次创新”的概念，认为后发企业不能一直引进成熟技术，应该适时升级到对新兴技术甚至实验室技术的引进，以此避免进入“引进—落后—再引进—再落后”的怪圈（吴晓波，1995）。基于二次创新的研究认为，后发企业应该从技术、市场和能力维度的现状选择合适的技术跨越模式，提出了二次创新的理论模型，具体而言：在后发企业发展的初始阶段，由于自身技术能力相对欠缺，适合引进成熟技术，进行模仿创新、创造性模仿和改进型创新；当二次创新积累足够的经验和知识以后，就可以升级到引进新兴技术，通过后二次创新在技术能力上实现赶超；当后发企业拥有足够的技术能力后，就可以跟引进实验室技术进行一次创新进一步进行赶超。随着经济全球化以及资源分散化的加剧，后发企业获取技术知识等资源的渠道更加多样化和丰富，有学者将基于后发企业内部二次创新的独立过程拓展到网络层面来考察后发企业的二次创新动态过程，认为在企业二次创新动态过程的基础上，后发企业构建的网络逐步从规模较小、成员异质性较低、网络关系强弱交替的特征逐步演化为规模较大、成员异质性较高的二重网络，并且组织学习的平衡模式也从间断型平衡向双元平衡演化（彭新敏、吴晓波、吴东，2011）。

基于边界拓展的视角对后发企业技术追赶的研究主要从不同的边界划分维度，例如，组织、认知、知识、地理等不同边界拓展的维度分析在不同情境下后发企业的边界拓展战略，以及不同的边界拓展对后发企业的行为和绩效的影响。例如，刘洋等（2013）整合了以往对于发达国家边界拓展的视角，从地理、组织、知识三个维度通过对浙江省 4 个制造业企业的深度案例分析总结了后发企业研发网络边界拓展对创新追赶的影响机制与其演化的路径选择。杨雪等（2015）认为，后发企业在外部技术搜寻形成的组织/时间/认知三维空间中存在平衡性，且在三个维度中，地理和时间距离的替代作用更为显著，且相较于中小型企业来说，更多的大型企业会选择较大认知距离进行外部技术引进。

基于破坏式创新的技术追赶研究是对特定后发企业的特定追赶类型进行的研究。不少学者从技术、市场等方面对破坏式创新进行了界定，基本定义显示，破坏式创新是指企业通过对已有成熟技术的整合集成，向非主流市场推出性能较低、结构相对简单、价格更便宜的新服务或新产品，然后逐步借助在低端市场获取的优势向主流市场过渡并且最后颠覆主流市场的创新过程（李平、臧树伟，2015）。

2.1.2.3 后发企业技术追赶的影响因素

（1）制度因素。

对后发企业技术追赶制度因素的研究主要集中于对国家/区域政策以及制度安排等对后发企业技术追赶的影响上。20 世纪的最后 20 年，一系列过去正式的工业化经济体和历史上的模仿国家都达到了一定的创新能力水平，与一些历史上更具有创新能力的经济体相当甚至比他们更优秀，从而引发学者们对于后发经济体技术追赶现象的研究，最初的研究聚焦于国家层面，探索政府政策对后发经济体及其企业追赶的影响。朱玛和克拉克（Juma & Clark，2002）总结了政策环境、制度设定、国家创新系统、人才投入、知识网络等对后发企业技术追赶的影响，发现政府制度安排对于新兴经济体国家及企业进行追赶具有的重要影响。朱万文（Chu，2009）对于台湾高技术产业的研究同样证实在影响企业战略选择的结构要素中，产业政策十分关键。杰尼弗和拉马尼（Guennif & Ramani，2012）发现国家政策设计对于产业技术轨迹选择起到了至关重要的作用。韩国等新兴工业化国家或地区对产业的政策支持很好地说明了政府干预对后发企业技术追赶的促进作用（江诗松等，2012）。

也有研究关注具体某项政策或者某种制度安排方式对于后发企业/产业追赶的影响。例如，拉尔（Lall，1992）的研究指出，后发国家政府组织有必要采取适当的方式对市场进行干预，从而避免各种可能的要素市场失灵。维托娃（Vertova，2001）研究指出，当国家制度安排与主流的技术范式提供的技术机会相适应，就能实现产业专业化发展，反之，则会被锁定在低技术路径上，从而制约技术的发展。高旭东（Gao，2003）通过 6 个多案例分析，识别了影响中国企业技术能力发展的关键要素和机制，其中，跨国公司（multinational enterprise，MNE）技术转移政策、本地市场的 MNE 参与政策、技术发展的产业协调机制、市场进入的产业协调机制等直接影响促进技术能力发展的组织条件。福尔曼和海耶斯（Furman & Hayes，2004）的研究显示，创新提升政策和基础设施对取得创新领导力很有必要，但是这些并不是充分条件，除非与创新资本和人力资本投入一起。特谢拉和弗杜那（Teixeira & Fortuna，2010）的研究显示，许可证和 FDI 对生产率提升的影响建立在与人力资本投资和激励相关的制度环境上。

也有研究从国家层面探索大学、研究机构等对后发经济体技术追赶的重要作用，例如，马佐莱尼和尼尔森（Mazzoleni & Nelson，2007）认为，公共研究机构过去一直是知识经济体追赶的重要因素，大学和公共实验室以不同的形式跨国家和经济部门促进技术能力的发展，有效的研究项目主要出现在应用导向的科学与工程中，并且旨在解决问题以及将感兴趣的技术发展与使用者群体联系起来。尤提耶和夏皮罗（Youtie & Shapira，2008）分析了在美国大学所处州政府致力于将该州从农业州转化为工业州成为创新驱动的经济体的过程，研究了大学转型为知识中心，促进周边经济发展的作用。

目前有新的研究开始探索国家层面的知识产权保护对后发企业技术追赶的影响。例如，迪尼奥和费雷拉（Godinho & Ferreira，2012）通过专利分析对比了中国和印度在最近 20 年申请国际专利上的情况，发现发展中国家最近 20 年在知识产权上取得了长足发展。肖延高等（2013）进一步从知识产权角度解释了发展中国家的后发企业战略性地发展其技术能力的过程，并且提出了一个理论框架来理解后发企业的技术追赶战略。

（2）产业因素。

不同的产业特征也会对后发企业技术追赶带来不同的影响。技术体制对于后发企业技术追赶起着非常重要的作用。李坤和林柴森关于后发企业技术追赶的经典文章中指出，技术能力是技术努力和现有知识基共同作用的结果，而技术努力的决定因素被认为是产业技术体制，主要有三个维度，分别为技术发展的积累性、技术轨迹的流动性（可预见性）以及知识基属性。穆清和李坤（Mu & Lee，2005）应用李坤和林柴森修改后的关于技术学习和追赶的模型解释了中国通信产业的技术能力发展，发现“市场换技术”战略、技术溢出以及政府的产业振兴是追赶的重要因素。

也有一些研究考虑了产业层次的其他特征对后发企业技术追赶带来的影响。例如，恩斯特（Ernst，1998）对韩国电子产业技术学习的分析指出，过分依赖于货币和极度不平衡的产业结构导致狭窄的知识基和粘性的专业化模式不利于进行技术追赶。胡进里和徐玉学（Hu & Hsu，2008）对手机通信产业的分析中指出，与产业相关的运营者交互、从服务提供商那里获取服务信息和应用以及适当的内外部竞争更有利于创新追赶。吴庆延和马修恩（Wu & Mathews，2012）对太阳能光伏产业的研究发现，产业层面的知识流动从发达国家流向发展中国家逐步转变为发展中国家内部的知识流动，从而促进了从模仿创新到创新的转变。刘晓辉等利用中国高技术产业 1998～2008 年的面板数据探索了外资企业竞争强度（foreign competition）对大型新兴经济体产业层面创新活动的影响，结果显示外国投资企业的竞争强度和本土技术强度（domestic skill intensity）会影响产业的制作或购买活动，具体而言，外国竞争与购买活动强度正相关，但与制作活动强度负相关，且本土技术强度会削弱外商竞争对创新活动带来的压力。巴克莱和哈赛（Buckley & Hashai，2014）通过模型计算得出，在本土市场增长的前提下，就算没有技术和品牌优势，来自大型或技术快速增长国家的新兴市场跨国公司（Emerging Market Multinationals，EMNCs）在全球系统中同样能够成为主导者。

（3）组织因素。

后发企业本身是技术追赶的重要主体，也是异质性的实体，不同企业的技术追赶都离不开组织自身的特征，否则无法回答为何在相同情境中的不同的企业技术追赶的结果不同。目前对后发企业技术追赶的组织因素主要集中在组织学习、企业战略、组织能力等重要方面。

组织学习在后发企业技术追赶中扮演了举足轻重的作用。金仁秀（Kim，1998）通过对现代汽车公司的分析得出，有效的组织学习需要高吸收能力，这包含两个主要的要素：企业先前的知识基和企业努力强度。马修斯和金东顺通过对韩国半导体产业的案例分析得出，基于后发企业自身的资源撬动和单环/双环组织学习有助于后发企业进行技术追赶。费格雷多（Figueiredo，2003）通过对巴西两家已经有 40～60 年历史的大型钢铁公司的案例分析表明，有目的的、持续的和有效的提升组织学习对技术能力积累方式和速度有正向影响。

基于组织能力的分析显示，技术管理能力、网络化能力等对技术追赶存在显著影响。卡恩（Khan，1999）通过对印度计算机企业和韩国电子公司的对比分析发现，后发企业的动态技术管理能力对于技术追赶十分重要。考虑到技术学习、网络化和全球化以及技术能力发展，曹玄代和李金坤（Cho & Lee，2003）通过进一步地对韩国的案例分析发现，网络化能力对发展中国家追赶着技术能力发展的重要作用，并且网络化范式也会随着全球技术轨迹的变化而变化。具体而言，在纵向合作阶段会跟全球领导者合作，当全球技术成熟时会涉及国际技术转移，当涉及成长技术时，与跨国姊妹公司和他们的专业人员构建准全球网络化；当新兴技术出现时，在战略阶段则会与全球企业构建互惠网络。

学者们也对后发企业的众多战略对于技术追赶的影响进行了研究。例如，恩斯特聚焦于进入顺序，在对先发优势和劣势研究的基础上，基于对日本和韩国半导体企业的深度案例分析，识别了成功的后发者战略并将其归为两类——克服后发劣势的战略和使用后发优势的战略。王芳瑞等用来自 279 家中国企业的问卷调查数据探索了研发战略决策的新颖度和开放度在解释发展中国家后发企业绩效上的作用，结论显示，与新颖度和开放度相关的研发决策与需求机会、市场竞争、技术能力和外部网络相关，研发新颖度与促进创新输出相关，但是不影响销售增长，研发开放度正向促进销售增长，但是与创新输出负相关。

也有研究证明了其他许多组织因素对后发企业技术追赶的影响。例如，高旭东通过 6 个多案例分析发现，研发投资时间、研发水平、研发人力资源、与知识前沿的合作和研发聚焦这些研发特征直接影响技术能力的发展。范佩蕾（Fan，2006）对华为、中兴、大唐电信、巨龙信息四家中国本土通信设备企业的研究表明，创新能力和自主开发技术是导致本土企业追赶跨国公司的关键。夫伯英和李坤（Eom & Lee，2010）使用韩国创新问卷调查数据发现，传统的企业特征变量（例如规模和研发强度）对产学研政府（IUG）合作的影响并不显著，而参与国家研发项目在两种合作模式下都最显著和稳健，但 IUG 合作不能保证企业技术创新成功。纳姆（Nam，2015）从组织设计的角度证明了简洁组织空间（Compact organizational space）对技术追赶起作用。

2.2　合作伙伴选择研究

伙伴关系被定义为共享兼容目标、谋求互相信任和致以高层次互相依赖的独立企业之间的有目的性的战略关系（Wu，Shih & Chan，2009）。选择合适的合作伙伴是企业构建成功的合作关系最重要的步骤（Baum，Cowan & Jonard，2010；Wu et al.，2009）。合作伙伴选择，是指搜索、评估并最终选择一个交易伙伴的过程，对有效管理企业间关系非常关键（Roy，2012）。艾尔兰等（2002）提出有效的联盟管理开始于选择合适的伙伴，先于契约设计和管理契约结构，仔细地选择合作伙伴会减少合作伙伴可能的机会主义行为，进而完成承诺（Reddy，Osborn & Hennart，2002）。

选择合适的合作伙伴更是构建有效创新网络的重要战略决策。以往对合作伙伴选择研究的情境主要集中于跨国公司国际（合资）合作伙伴选择、特定类型的合作伙伴选择（例如高校、供应链合作伙伴）等战略联盟合作伙伴选择的情境，大量实证研究已经证实，战略联盟会影响企业的行为和绩效，因此，了解构成联盟的合作伙伴是如何被选择的，从理论和实践双方面来讲都很重要（Baum et al.，2010）。战略联盟合作伙伴的构成决定了企业所能汲取的技能、知识、资源，也是影响联盟绩效的重要因素（Wu et al.，2009；Yan & Gray，2001），尤其是对处于向市场经济转型的新兴经济体国家的企业而言，汲取合作伙伴的资源和能力对企业非常有价值（Madhok，2002）。

目前，对合伙伙伴选择研究的理论基础主要有资源观、社会网络理论、交易成本和制度理论，基于不同的理论对合作伙伴选择的动机、选择机制和选择结果进行研究。因而下面将主要从合作伙伴选择的不同视角、影响因素、选择结果三方面进行综述。后发企业如何通过构建有效的创新网络进行技术追赶，选择合适的合作伙伴是很重要的一方面，因此，对合作伙伴选择研究进行综述能够很好地为本书提供研究的理论基础。

2.2.1 基于不同理论视角的合作伙伴选择动机

（1）基于资源观的研究流派认为，企业构建合作关系的主要目的是为了获取互补的资源。资源观认为，对于处于高技术和新兴产业中的企业而言，由于技术变化迅速、技术复杂度较高，在位企业往往会选择技术合作的方式进入新的产品或技术领域，通过自身有限的资源投入来快速拓展知识资源（Miotti & Sachwald，2003）。这类企业往往会通过与产业链上下游的企业进行技术合作来获取互补性资源（Calabrese，Baum & Silverman，2000）。此外，对于处于复杂项目中的企业而言，创新过程相互依赖，为了更好地管理技术融合，这些企业也会选择技术合作的方式，并且投入互补的资源（Miotti & Sachwald，2003）。

（2）基于社会网络理论的研究流派认为，企业所嵌入的网络能够给企业提供关于合作伙伴搜索、评价方面的信息优势。寻找合适的合作伙伴需要仔细地搜索潜在的合作者，了解合作者的预期和目的等，耗时长且需要较高的成本，而企业所嵌入的网络由于与潜在合作者的交互以及网络内部的信息流通等方式，能够为企业提供有关潜在合作伙伴的信息，从而降低搜寻成本。因此，很多企业都会倾向于与原有的接触过的合作者建立关系来拓展已有的关系网络（Baum et al.，2010）。

（3）基于交易成本理论的研究流派认为，企业构建合作关系的主要是因为相比于内部开发和市场交易，合作成本最低，并且主要从降低不确定性的角度对合作伙伴选择进行研究。从交易成本的视角来看，当企业内部运作或通过市场购买的成本高过联盟的方式，即联盟收益大于成本，并且存在并购壁垒的情况下，企业会选择联盟。此外，当企业面对高昂的研发费用、并且风险很大时，也会选择进行技术合作的方式。为了通过规模经济或合理化创新过程来降低成本、共享风险，企业间一般会投入相似的资源（Miotti & Sachwald，2003）。在两种情况下，企业会出于共享成本或分担风险的目的与竞争对手合作，一是两者有很强的共同目标，二是两者的合作处于距市场化很远的基础技术方面（Miotti & Sachwald，2003）。

（4）基于制度理论的研究流派认为，企业构建合作关系主要是为了获取合法性（Baum & Oliver，1991），帮助企业接触和获取到更广的社会资源（Vasudeva，Spencer & Teegen，2013）。显著声誉的合作伙伴能够为企业参与特定产业提供背书（Stuart，2000），同样能够促进企业产品的生存、发展，获取市场接受度（Sorenson & Stuart，2008）。

（5）基于组织学习的研究流派认为，企业构建合作关系是为了通过学习获取相应的知识。随着科学知识、技能和资源的快速发展和全球分散化，越来越多的企业开始采用合作的方式从事研发密集型活动（Beckman，Haunschild & Phillips，2004）。企业间合作成为企业跨边界获取知识的有效方式，通过建立旨在学习和生产新知识的战略联盟来构建创新网络（Baum et al.，2010）。在高技术行业中，科学和相关技术发展非常迅速（Beckman et al.，2004），企业对技术机会识别存在较高不确定性，技术知识和能力的分散使得跨企业研发成为常态（Powell，Koput & Smith-Doerr，1996）。企业自身的知识和能力需求促使其寻求合作伙伴进行技术合作，自身的知识和能力决定了对潜在合作者的吸引力。从知识的视角来看，合作关系的形成是为了获取互补性的知识（Baum et al.，2010）。

（6）基于行为决策理论的研究认为，企业选择合作伙伴的主要目的是降低不确定性，包括市场不确定性和企业特定不确定性。企业面临不确定性时会驱动企业选择合作伙伴构建网络（Beckman et al.，2004），一类是焦点企业自身所面临的不确定性（Pfeffer & Salancik，2003），另一类是产业或者市场产生的一般企业都会面临的不确定性（Podolny，1994）。贝克曼等（2004）首次综合考虑了这两类风险对合作伙伴选择的影响，通过对300家大型美国公司在1988～1993年间的董事会互锁和联盟网络的数据分析，证明企业面对不同类型的不确定性时会考虑不同的合作伙伴选择方式，或者与现有的合作伙伴建立新的关系来维持网络稳定性，或者通过增加新的合作伙伴变革网络结构。具体而言，当面对极端企业特定的不确定性时，企业会倾向于拓展现有网络；当面临的是市场或产业不确定性时，企业都会选择与现有合作者建立更多的关系来维持现有网络的稳定性。

2.2.2 合作伙伴选择的影响因素

2.2.2.1 企业自身属性的影响

以往对于合作伙伴选择的研究主要基于二元层次，从个体企业的特征以及二元层次的特征两方面对合作伙伴选择产生影响。以往越来越多的研究关注了企业层次的属性对选择特定合作者的影响（Powell，White，Koput & Owen-Smith，2005）。这些属性包括能力（Gulati，1999）、内部知识基（Ahuja，2000）、产品市场特征（Arora & Gambardella，1990）、信息可得性（Reuer & Ragozzino，2014）和技术资源多样性（Hall，Jaffe & Trajtenberg，2001）等。

基于能力视角的研究认为，企业参与先前联盟通过组织学习形成的经验有助于其发展形成新联盟的管理能力，特指能够促使企业更容易地形成新联盟的组织能力。联盟是一项复杂的组织活动，涉及多层次的内部认可、花费大量精力搜索潜在合作者、详细评估和设定合同细节等（Gulati，Khanna & Nohria，1994），是一项重要的管理挑战。因此，拥有形成联盟的能力是企业选择新的合作伙伴进入新联盟的重要催化剂（Gulati，1999）。企业参与先前联盟所形成的经验能够形成相应的惯例，同样还能够增加对新合作伙伴的可见度和吸引力，从而促进企业对新合作伙伴的选择。

基于资源视角的研究认为，只有部分企业能够拥有高阶技术和快速商业化的能力，形成显著的知识基，企业过去的创新活动成果可以作为信号向外部合作者传达内部所积累技术能力的程度（Arora & Gambardella，1990），从而增加对合作伙伴的吸引力，使得有更多的合作者愿意与其合作，合作机会更大，促进合作的形成（Ahuja，2000）。然而，考虑合作的诱因时，技术资本和商业资本交互由于其自身资源丰富，反而不需要通过合作来获取互补资源，从而降低合作的可能性（Ahuja，2000）。

基于信号理论的研究认为，在联盟中，由于信息不对称性和逆向选择风险的存在，信号会向外界传递焦点公司的产品或服务的质量。卢勒和拉哥齐诺（Reuer & Ragozzino，2014）在对新上市的或新成立的公司的跨国联盟形成进行的分析中指出，由著名的金融机构例如有声望的投资银行或风投公司承担首次公开募股（Initial Public Officering，IPO），由于企业与投资银行之间相互匹配以及将这一信息传递给预期联盟合作伙伴，会促进与 IPO 企业的下一步合作。从 IPO 企业的视角来看，高质量的公司更愿意以及更有能力支付最有声望的投资银行的服务，通过与有声望的金融中介的绑定从而将其与其他企业区分开来。从投资银行的视角来看，由于投资银行也希望承担更小的风险，从而不至于破坏其累计的声誉资本（Gulati & Higgins，2003），这一风险信号解释了为什么有声望的金融中介同样希望寻求高质量的上市企业。因此，低质量的企业不可能与有声望的金融中介进行绑定。当外界对于预期的国际合作伙伴拥有的资源信息不充分了解时（Tallman & Phene，2007），由于其与有声望的金融机构联盟，从而向外界传递了高质量的产品或服务信号，就会减少国际合作伙伴的逆向选择风险。对企业能力和前景不甚熟悉的国际合作伙伴所面对的不确定性和信息成本会大大降低，协商破裂、谈判无效以及由于信息不对称性带来的低收益风险同样降低（Boeh，2011），从而促进其国际联盟的形成。

2.2.2.2 二元层次属性的影响

二元层次的属性对合作伙伴选择的影响主要集中于：资源互补性（Rothaermel & Boeker，2008）、技术资源相似度（Diestre & Rajagopalan，2012）、产业网络中的相对位置（Stuart，1998）、制度环境（Vasudeva et al.，2013）、产品市场相似性（Coff，1999）、文化距离（Steensma，Marino，Weaver & Dickson，2000）、先前的连带（Stuart，1998）、技术距离（Mowery，Oxley & Silverman，1998）等方面来阐述，最近的研究指出，语言作为一个企业层次或者语言差异作为二元层次的重要因素也会在合作伙伴选择的任一阶段对任何形式的联盟产生重要的影响（Joshi & Lahiri，2015）。

基于战略依赖的视角认为，企业与那些能够提供最优互补资产和技能的合作者构建联盟。现有的特定企业之间的资源依赖研究也将联盟形成与特定能力，尤其是企业内和跨企业的职能能力（例如研发、生产、营销和分销等）可得性联系在一起。这一视角认为每个合作伙伴都在特定领域有优势，能够弥补潜在联盟合作者的劣势，并且来自不同产业的研究证实了这一解释，拥有互补资产的企业更有可能建立联盟（Gulati，1995）。从二元层次来看，企业会寻求能够帮助其在弱势领域获取优异能力的合作者（Rothaermel & Boeker，2008）。

从组织学习的视角来看，为了降低不确定和风险，企业会选择与自身社会地位（Podolny，1994）、技术战略（Cool & Schendel，1988）、技术能力（Mowery et al.，1998）（Mowery et al.，1998）、知识基（Lane & Lubatkin，1998）相似的合作伙伴联盟。由于基础知识和组织实践具有相似性，二元层次评估、吸收和利用外部知识的吸收能力能够促进与合作伙伴的有效运营。因此，企业更愿意与他们感觉在创新导向或技术重叠度等维度上具有相似性的合作伙伴联盟（Diestre & Rajagopalan，2012）。

基于资源观视角的研究认为，企业构建联盟是为了从外部来源获取能力。为了成功吸收外部技术信息，企业必须拥有相关的内部技术能力，因而会选择与自身技术距离相近的合作伙伴。然而，一定程度的技术重叠是联盟成功的必要条件，过度的重合却会减少甚至带来负向收益。企业间技术的高度重叠意味着相互之间能够学习的知识很少，从而会抑制他们参与联盟的意愿。与技术完全重合的合作伙伴建立联盟很可能还不如内部开发取得的收益更高。因此，技术重叠度与联盟合作伙伴决策之间呈现倒 U 型关系（Mowery et al.，1998）。

基于制度理论的研究认为，企业的创新活动是嵌入在国家制度情境中的（Macher，Mowery & Di Minin，2007），国家制度环境会对企业的合作伙伴选择产生影响。为了获取合法性，企业在合作伙伴战略选择上会有不同的倾向，由于拥有高社会价值的合作伙伴一方面可以通过向外界传递信号的方式（Uzzi，1999）提升企业的合法性（Kostova & Zaheer，1999），另一方面可以为焦点企业与跨产业网络的其他创新者提供交流和知识交换的机会（Powell et al.，1996）。瓦苏德瓦等（2013）的研究指出，国家的社团主义（corporatism）（指的是组织间合作和协调的国家制度安排）会对合作伙伴选择产生影响，结论显示，高社团主义国家中的企业更倾向于与拥有较多社会资本的合作伙伴建立联盟关系，而位于低社团主义国家中的企业则更倾向于与拥有互补性技术知识的合作伙伴建立联盟关系。

基于语言学的研究指出，选取来自不同语言背景的合作伙伴会面临语言摩擦（language friction）所带来的影响，语言摩擦是文化摩擦的一种形式，文化摩擦是国际商务活动或交易中来自不同国家的有实际联系和交互的两个或两个以上的像组织、团队、群体或个人这样实体相互抵抗的程度（Luo & Shenkar，2011），其中，语言摩擦反映任一对语言间所有语言特征中固有的结构不同而引起的思考问题上的相对差异性（Joshi & Lahiri，2015）。研究显示，由于国际运营中焦点企业和合作伙伴处于不同的语言环境中，因而思考和解决问题的方式有差异，相对较低的语言摩擦有助于通过对问题的重新思考促进合作，过多的语言摩擦则会抑制合作。

2.2.3　合作伙伴选择的结果

目前关于合作伙伴选择结果的研究主要可以分为以下三种类型：一是选择不同类型的合作伙伴，一般为高校/科研机构、产业链合作伙伴和竞争对手；二是结合合作伙伴自身的特征考察合作伙伴选择呈现的具体的模式；三是从网络层面划分的网络变革和网络稳定性，网络变革是指在已有的构建起的网络之外，选择新的合作伙伴（broaden ties），网络稳定性是指企业选择在已有的所嵌入的网络中选择合作伙伴（reinforcing ties）。

第一种研究关注特定合作者，例如苗蒂和萨赫瓦尔德（Miotti & Sachwald，2003）认为纵向合作相比于横向合作更频繁，在高技术部门，与竞争对手的合作更频繁，与公共研究机构的合作对处于技术前沿的企业更加具有吸引力。不同类型的合作伙伴能够提供不同的资源作用于焦点企业。纵向合作更可能有助于企业新产品开发，但是对产生专利这类技术前沿的研究并无太大的帮助，与公共研究机构的合作能够接触到科技研究能力，从而增加企业的专利数量。卡普尔和麦格拉斯（Kapoor & McGrath，2014）的研究指出，随着产业内技术的不断演化，不仅内外部研发的倾向会变化，涉及研发机构、供应商和客户的外部合作者类型的分布也会产生相应的变化。具体而言，在技术发展的初始阶段，有更强的内部研发导向，技术合作一般为以研究机构为主要类型的基于科学的合作为主，随着技术逐步从成长阶段演化到成熟阶段，研发合作倾向逐渐增加，基于科学的合作仍然很普遍，合作交互的分布由基于科学的合作占主导逐步向基于技术整合的合作转变，同时，基于技术整合的合作也由逐步由技术输入的上游供应商和下游制造商逐步转向拥有互补技术的上游供应商之间竞争对手的合作。竞争对手间的合作相对稳定，但是逐步由学习导向（通过合作学习和积累知识）向资源集合导向（共享研发资源，获取经济规模性）发展。

第二种研究相对较少，罗伊杰克和哈格多恩（Roijakkers & Hagedoorn，

2006）对1975年以后高技术化学制药生物技术产业的企业间研发合作的大型纵向数据库进行分析，发现每年新建立的研发合作关系的数量显示，大家更倾向于使用基于合同的合作关系，而不是基于股权的联盟。在这些联盟网络中，在20世纪80年代，当生物技术最先在化学制药产业中开始盛行时，小型的创业型生物技术企业占据主导位置。但是到90年代以后，制药企业开始占据主导地位，作为中心节点与不同类型的其他企业建立了多重关系。

第三种研究相对较多，其中，网络变革研究主要基于结构洞理论，最早可以追溯到普费弗和萨兰西克（Pfeffer & Salancik，2003）的研究，认为企业会为了降低不确定性、避免过度嵌入已有网络从而产生的路径依赖，同时为了获取非冗余信息，会选择加入新的合作伙伴（Burt，1993）。网络稳定性研究更多的是基于关系嵌入性理论，认为在特定的条件下，企业倾向于与先前已有的合作者建立新的关系，形成额外的关系，从而增强现有的网络连带。波多尼（Podolny，1994）的研究显示，面对高市场不确定性的投资银行会倾向于与以往已经打过交道的合作伙伴建立关系；古拉提（Gulati，1995）的研究也显示，企业倾向于与先前的联盟合作者建立重复连带；古拉提和加格罗（Gulati & Gargiulo，2007）又发现，两个特定企业间建立新联盟的可能性会随着他们之间的相互依赖、先前连带、存在共有的第三方成员和联盟网络中的中心性而增加，因此，从关系嵌入性视角来看，企业更倾向于维持现有的网络结构，而不是通过加入新成员的方式拓展现有网络。

对于合作伙伴选择的嵌入性视角认为，由于企业对潜在合作者的能力、可靠性、动机等存在信息不对称性，使得企业间的交易关系拥有比较大的风险（Luo，2007）。而企业嵌入在现有的网络中，通过过去连带或第三方连带的方式选择合作伙伴会大大降低这一风险（Morrison，2007）。企业与过去有联系的合作者进行再次合作，能够增加熟悉度，可预测与该特定合作者合作所能产生的收益，并且促使信任的产生，对双方的行为和未来收益都有明确的预期（Gulati，1995）。而来自共同合作者的背书和推荐同样能够降低由于对潜在合作者质量和动机的信息不对称带来的不确定性（Vlaar，Van den Bosch & Volberda，2007），促进信息流动形成共同声誉（Chen，2008）。嵌入性可以产生信任、信息共享惯例和共同问题的解决。因此，嵌入性视角认为，由于连带的信息价值是企业选择合作伙伴的重要因素，企业倾向于与现有的合作者建立新的关系或者与已有合作者推荐的合作者建立关系（Coleman，1988），即在有限的已嵌入的网络范围内进行合作伙伴选择（Meuleman，Lockett，Manigart & Wright，2010）。

然而，结构洞视角的研究则认为，通过与原有嵌入网络外的成员建立关系能够接触和获取到非冗余的信息、技术和市场，并且通过建立结构洞能够产生对信息和资源流动的经济优势以及对共同参与一个项目的来自不同网络的成员的控制优势（McEvily & Zaheer，1999）。因此，结构洞视角认为，企业会为了获取非冗余信息等选择与新的成员建立合作关系，拓展已有的网络。穆尔曼等（2010）结合代理理论和关系网络理论探索了嵌入性视角在企业间合作中对合作伙伴选择的边界条件，发现关系嵌入性对合作伙伴选择决策的重要性受到影响合作伙伴间企业水平代理问题的经济条件的影响。具体而言，当水平代理风险较低时，关系嵌入就显得不那么重要，企业更倾向于选择新的合作伙伴拓展现有网络。

2.3　创新网络构成研究

创新网络来源于企业建立学习和生产新知识为导向的战略联盟。在此基础上，随着科学知识、技术和资源的全球分散和快速发展，企业需要不断增加新的或者获取分散在全球的知识进行生产和创新，也使得越来越多的企业通过构建联盟的方式进行创新和提升生产率（Baum et al.，2010）。企业间合作成为企业跨边界获取外部知识的有效方式（Baum et al.，2010）。

在组织无边界的大背景下，企业创新网络的研究在主流战略管理研究中始终占据着重要的位置。然而，现有的研究大多只关注网络结构和关系属性对组织行为或绩效的影响，还较少有研究关注企业应该如何构建有效的网络（魏江、邬爱其、彭雪蓉，2014）。除了创新网络治理这一事后对既存网络的管理（事后行为），企业网络连带对象（节点）的选择是企业构建有效的创新网络的重要战略决策（事前行为）。在后发企业技术追赶这一情景下，选择合适的合作伙伴构建有效创新网络的机制和路径，是兼具理论和实践价值的前沿研究问题（魏江等，2014）。

回顾过去 40 多年间对联盟网络和企业创新间关系的相关文献后发现，尽管很多研究关注了网络结构或/和网络关系对企业创新的影响，却很少有研究关注这些网络中企业的构成（Phelps，2010）。网络结构指的是一系列行为者之间所存在的关系模式，网络构成指的是在特定属性、产品特点或资源禀赋方面有差异的不同类型的行为者（Wasserman，1994）。现有的研究开始意识到网络研究中对网络构成的忽略，并开始呼吁网络研究应该更多地关注构成网络的节点企业间的资源异质性问题（Lavie，2006），尤其是网络层次合作伙伴间的资源禀赋差异性以及企业与合作伙伴间的资源禀赋差异性（Phelps，2010）。关注网络构成内容的呼吁开始让学者们将视线从网络结构或网络关系转向网络中的节点本身，即节点是谁的问题，这为创新网络的研究提供了新的趋势和见解，也是从网络层面侧面地回答了企业构建有效创新网络的合作伙伴选择问题。因此，下面将主要从目前研究关注的创新网络构成的具体内容、创新网络构成与绩效间的关系研究两方面进行综述，为本书打下扎实的文献与理论基础。

2.3.1 网络构成内容

网络构成的研究最初在团队层面应用较为广泛，这些研究认为每个个体都是特定人力资本和社会资本的代表，这些特定的人力资本包含经验、知识等各种资源和能力，社会资本包含个体在所处环境中与外部人员、机构等的连带（Bercovitz & Feldman，2011）。团队是不同个体的集合，从而形成特定属性的架构。团队层面的研究多从异质性的角度来考量团队的构成内容，从个体的不同属性出发，由最初聚焦于简单的性别构成/人口统计学构成、国籍异质性（Perry-Smith & Shalley，2014）、地理异质性（Forman & van Zeebroeck，2012）等，逐步过渡到更复杂的属性例如知识异质性/人力资本异质性（Subramanian，Lim & Soh，2013）等，也有的研究聚焦于个体的外部连带，从个体所属组织来刻画其团队层面的外部连带多样性（Bercovitz & Feldman，2011）。团队层面的研究认为，异质性程度较高的团队有更大的机会撬动每个团队个体成员的技能，产生更广泛的信息作用于团队行为和绩效（Bercovitz & Feldman，2011；Subramanian et al.，2013）。也有少部分团队层面的研究开始关注人力资本中个体的知识质量属性（Demirkan，Deeds & Demirkan，2013）。从网络惯性视角来看，高质量知识会进一步加剧成功带来的惯性，从而陷入路径依赖的怪圈，锁定于现有的网络，不考虑纳入新成员，从长期来看，负向影响团队绩效。从显著性视角来看，知识质量越高，越能够增加显著性从而提升对新成员的吸引力，正向影响团队绩效。团队层面的研究为组织层面的研究提供了诸多可借鉴的思想。

就组织层面而言，虽然有学者早就意识到联盟企业之间的差异性会对联盟的形成和维持产生重要影响（Parkhe，1991），后期的大部分对于组织间关系的研究仍然基于社会网络理论，将节点视为均质的。随着研究的不断深入，越来越多的学者开始关注网络节点的构成（Lin，2012；Love，Roper & Vahter，2013；Phelps，

2010；Raesfeld，Geurts，Jansen，Boshuizen & Luttge，2012；Yang，Narayanan & Carolis，2014）。从传统资源观来看，每个企业都是异质性资源的集合体。因此，与团队层面的研究类似，每个节点特定的资源属性集合形成了特定的网络架构，对焦点企业的行为和绩效产生影响。桥接传统资源观与社会网络理论的网络资源观的提出将焦点逐步转移向企业所能接触到的网络资源属性上，一些研究从信息数量、信息多样性和信息质量三方面来刻画网络构成内容。但是与团队层面关于网络构成的研究类似，目前组织网络构成的研究绝大部分从节点异质性的角度出发，来探讨成员的构成属性的差异性对焦点企业行为或绩效的影响，而根据聚焦的属性及定义的不同，又从不同的角度来探讨创新网络的构成内容。例如，布兰茨（Branzei，2004）强调创新网络中每个节点都是独立的知识体系，主要从知识异质性的角度来探讨网络构成内容；布鲁雅卡（Bruyaka，2008）主要从产业链功能的差异性角度来探讨网络构成内容；菲尔普斯（Phelps，2010）认为组织间的差异化主要体现在合作伙伴间的技术多样性水平上；林海英（Lin，2012）则关注联盟参与者所持有的互补性能力；可见，这些学者都强调构成网络的节点在资源、能力、知识、技术等方面的差异性（Cui & O'Connor，2012；Jiang，Tao & Santoro，2010；Love et al.，2013；Raesfeld et al.，2012；Wuyts & Dutta，2014；Yang et al.，2014）。

通过对以往研究文献的总结，对网络构成内容进行刻画的研究主要可以分为两类：一类直接聚焦于实际发生转移的知识、技能、资源等（Cui & O'Connor，2012；Phelps，2010；Sampson，2007；Wuyts & Dutta，2014）；另一类则关注节点本身的特征，认为节点的组织类型、产业背景、地理位置、文化背景、市场定位等特征能够反映出合作伙伴所持有的知识、技术、能力和资源的异质性，间接地刻画节点间的差异性，包括组织异质性（Bruyaka，2008；Duysters，Heimeriks，Lokshin，Meijer & Sabidussi，2012；Lin，2012）、国家异质性（Duysters et al.，2012；Goerzen & Beamish，2005）、产业异质性（Goerzen & Beamish，2005；Lin，2012）、市场异质性（Duysters et al.，2012）。值得注意的是，根据网络资源的内涵，网络资源是指实际能够接触和转移到的资源属性，然而，在二手测量的过程中，仍然是根据节点自身的特征来代理测量所能接触到的资源本身。

2.3.2 组织间网络构成与创新绩效间的关系研究

围绕“后发企业构建有效创新网络”这一核心问题，本小节聚焦于网络构成重点探讨组织间关系构成的网络与绩效之间的关系。根据之前对网络构成内容的分析，目前组织间网络构成主要聚焦于节点之间的异质性。综合对关注组织间网络构成与创新绩效间关系的研究，可以发现，目前大部分研究对象都集中于焦点企业的联盟组合，关注网络构成的节点多样性问题，并且在对这一关系的解释过程中，主要有两个观点：一方面提出多样性对创新绩效的促进作用，另一方面提出多样性对创新绩效的抑制作用。有研究认为，创新是一项探索式活动，涉及新的不同的信息、知识和资源的整合（Moorman & Miner，1997）。多样性能够鼓励创造性，阻止企业陷入锁定于先前知识（Cohen & Levinthal，1990）。有研究者将组织间合作视为创新的重要驱动力，因为组织间合作使得企业能够接触到新来源的观点或资源从而可能产生新的组合（Gupta，Tesluk & Taylor，2007）。以往对于个体联盟的研究已经发现企业能够从拥有不同资源的合作者那里获益更多（Baum et al.，2000），而相似资源的合作者反而会抑制探索式创新（Vanhaverbeke，Gilsing，Beerkens & Duysters，2009）。

节点多样性对企业创新绩效促进作用的解释机理如下。一是能够刺激企业形成更广泛的视角和创造性思维，从而有助于创新，因为创新通常是跨多元技术领域的知识重组（Fleming，2001；Goerzen & Beamish，2005；Hargadon & Sutton，1997）。通过远距离搜索多样化知识，涉及新的知识领域，还能够形成对问题和解决方案的多重概念化，将一个问题的解决方法应用于另外的问题（Hargadon & Sutton，1997）。多样化的知识来源能够为带来企业获取多样化问题解决的启发（Page，2008），从而提升需要新知识组合的探索式创新（Audia & Goncalo，2007）。这样，通过搜索多样化的、非冗余的知识就能够促进新组合的密集试验，产生高新颖度的创新（Ahuja & Lampert，2001）。二是能够接触到多元的技术领域，能够增加与过去接触到的知识相联系的新外部信息的可能性，从而促进新知识吸收和消化（Cohen & Levinthal，1990），多样性能够影响网络中可得的知识的相对新颖度以及企业识别、吸收和利用这些知识的难易程度。随着网络多样性的增加，企业涉及的知识的新颖度增加。由于探索式创新的一个必要条件就是获取不一样的知识（Greve，2007），多样性程度的增加能够提升可能的知识组合数量和变化，知识范围逐步提升，能够挑战现有的认知结构，包含因果关系认识的前提和信念，从而促进新联系的产生和高新颖度的见解和解决方案的涌现（Fleming，2001）。三是多样性能够帮助企业处理更优秀产品的稀缺性和不确定性（Bowman & Hurry，1993），通过进入多样化的技术领域，随着不确定性的降低，企业能够做出更明智的决策（Gavetti & Levinthal，2000）。

多样性程度的增加在接触到更广泛的技术机会以及多重来源的知识，从而产生协同效应的同时，也会增加联盟组合的复杂性以及相应的管理成本和独占性问题，从而产生负面影响（Duysters & Lokshin，2011）。在极度复杂的情况下，由于有限理性，会极大地限制企业得出最优方案，管理成本会超越预期收益从而对企业创新绩效带来负面影响。其解释机理如下：一是企业会面临信息过载和经济不规模性（Ahuja & Lampert，2001），因此，随着企业网络多样性的增加，吸收和使用知识的成本会大大增加（Phelps，2010）。二是当多样性过高的时候知识重组会变得尤其困难（Fleming & Sorenson，2001），随着合作伙伴间技术距离的增加，他们识别、吸收和应用对方知识的能力会随之降低（Lane & Lubatkin，1998），从而增加重组创新的成本。企业必须花费更多的努力和资源来理解和整合非相似知识（Cohen & Levinthal，1990）。成本更高的、过多的以及不确定的试验（Ahuja & Lampert，2001）会使得企业的认知能力受限，处理非相似知识要素的相对经验缺乏会限制其理解逐步复杂的知识要素间交互的能力（Fleming & Sorenson，2001）。此外，从不同的来源整合新颖知识往往需要改变现有的交流和社会交互的范式，这对已建立的组织来说相对较困难（Kogut & Zander，1992）。三是自身管理结构不够宽泛，多样性的增加会使得建立强连带、转移隐性知识、资源移动和协调等困难都上升（Goerzen & Beamish，2005；Koka & Prescott，2008）。

然而，有关联盟组合多元化与创新之间的关系仍然没有得出一致的结论（Wuyts & Dutta，2014）。菲尔普斯（2010）将网络构成聚焦于技术多样性，并且将技术多样性定义为企业联盟合作者所拥有的技术之间以及与焦点企业的技术之间的差异化程度，通过对全球通信制造商联盟网络中的 77 家企业 1987 ~ 1997 年的数据实证，证实了技术多样性会正向促进探索式创新。也有别的研究证实了是正向关系（Baum et al.，2000），认为联盟多样化的优势胜过劣势。贝斯特和洛克辛（Duysters & Lokshin，2011）聚焦于联盟集合，从合作伙伴的类型的多样性以及地理范围的广度来评估联盟的复杂程度，认为企业追求纵向整合是为了获取“牛鞭效应”来实现成本效益、提升核心能力，确保现有产品或服务的成功商业化，而与竞争者的横向战略合作则是为了开发针对预期市场的新技术（Miotti & Sachwald，2003），通过对荷兰超过 1800 家企业 1998 ~ 2000 年间的创新调查数据得出，合作伙伴类型的多样性程度与创新绩效之间呈现倒 U 型关系（Duysters & Lokshin，2011）。伍兹和杜塔（Wuyts & Dutta，2014）通过对新兴技术领域——生物制药产业的研究证明，合作伙伴的技术差异化与创新绩效间呈现正 U 型关系，即多样性程度低和高都能提升产品创新绩效，虽然多样性程度低的促进作用不如多样性程度高的促进作用。

有研究进一步认为，并不是所有的企业都能够同样地从联盟组合多样化中获取同等收益，因此，需要采用权变的视角来看待企业从联盟组合中获益这一问题。伍兹和杜塔（2014）认为，企业过去的内部知识创造战略是一种经验来源，能够增加企业撬动外部知识的能力，以往的研究已经证实，企业会为了规避不确定性和风险采取多样化战略，使得 CEO 们投资于非冗余技术领域（May，1995），进行地理多样化（Shiers，2002）、跨业务单元多样化（Aggarwal & Samwick，2003）等，研究证实，内部知识多样性起正向调节作用。崔安娜和奥康纳（Cui & O'Conner，2012）将联盟组合资源多样性定义为联盟组合中不同合作伙伴之间资源差异的程度，重点研究联盟组合中合作伙伴异质性与创新绩效之间的权变因素，证实当信息和资源在联盟中能够分享时，合作伙伴异质性才能促进创新。

2.4 组织学习二元性研究

2.4.1 探索与利用的概念

探索和利用更是组织学习两个不可分割的重要方面（March，1991），其定义也随着组织间联盟等新情境的出现不断延伸，但其本质并未产生变化。其中，探索往往意味着搜索、变化、承担风险、试验、灵活性、发现和创新，而利用则意味着改进、决策、生产、效率、选择、实施、执行、精炼、应用等（March，1991）。莱温特和马奇（Levinthal & March，1993）进一步提出，探索能够促进新知识的创造，而利用则支持现有支持的改进和使用。相似地，鲍姆等（2000）提出，利用指的是通过本地搜索、试验改进、选择和重复使用现有惯例获得的学习，而探索是指通过协调变化、有计划的实验和作用过程获取的学习。诸多研究显示，探索和利用需要不同的结果、过程、战略和文化，对组织适应性和绩效有不同的影响（Holmqvist，2004）。具体而言，探索与有机结构、松散耦合系统、路径突破、即兴创作（improvisation）、自主（autonomy）、混沌（chaos）、新兴市场和技术联系在一起，而利用则与机械结构、紧密耦合系统、路径依赖、管理、控制、官僚、稳定市场和技术联系在一起（Brown & Eisenhardt，1998）。而在组织间联盟及并购中，探索主要是指通过超本地搜索获取新的非相似知识进行创新，而利用主要是指通过本地搜索获取相似知识进行产品改进或产品市场化/商业化（Lavie，Kang & Rosenkopf，2011；Stettner & Lavie，2014）。

探索式学习和利用式学习分别通过不同的作用方式对组织绩效起作用。利用式学习建立在企业对已有知识及相似知识的本地搜索上，撬动已有知识来支持核心能力的改进和应用，提升组织效率，促进企业持续应用兼容的知识和技能，主要与可靠性和稳定性练习在一起（March，1991）。因此，利用式学习能够随着企业逐渐聚焦于专有技能而提升绩效。探索式学习则需要克服陷入已经建立的规则和惯例的压力，通过超本地搜索新的知识，灵活地延缓已有知识由于惯性带来的核心僵化，从而促进探索价值的产生（Leonard-Barton，1992）。因此，探索式学习随着企业逐步远离核心能力而提升绩效。由于知识是在企业边界内培育起来的，具有高度的路径依赖特性，而跨边界的知识能够更好地产生新机会（Rosenkopf & Nerkar，2001）。尽管企业能够随时间改变自身知识基，通过内部方式产生新知识，然而采用外部导向的模式，例如，联盟和并购能够提供更直接的方式接触和获取新知识和新技能，从而进行探索式学习提升组织绩效。探索所带来的收益更加具有长期性和变化性，而利用带来的收益更短期化和具有确定性，这意味着探索式企业会由于经历成功和失败而产生较大的绩效变化，而利用式企业绩效相对更稳定。

2.4.2　探索和利用的矛盾

探索式学习和利用式学习由于作用方式不同，对于资源、惯例等需求都存在差异性，从而会产生相应的矛盾和冲突。一方面，适应现有的环境需求进行利用式学习可能会促进结构惯性（Hannan & Freeman，1984），降低企业适应未来环境变革和新机会的能力；另一方面，进行探索式学习试验新东西可能降低现有能力提升和精炼的速度（March，1991），如果探索式努力失败又可能破坏在现有范围内已经建立的成功惯例，而且在新领域没有明显的成功来弥补现有业务的损失（Mitchell & Singh，1993）。

单一的探索式学习和利用式学习也会引起企业陷入加速探索或利用的动态性中（Levinthal & March，1993；March，1991）。一方面，组织学习的自增强本质使得企业哪怕在变革环境中也更愿意维持现有的焦点，增加现有能力，从而使得核心能力转变为核心僵化（Leonard-Barton，1995）。为了解决企业过度聚焦于利用而导致组织短视（Radner & Rothschild，1975），陷入能力陷阱（Levitt & March，1988），需要企业跨越本地搜索（Rosenkopf & Nerkar，2001）。已经有众多文献提出了这一观点，例如，基尔南（Kiernan，1996）就提出内部淘汰战略，包括将企业最先进的技术许可出去，售卖原有的成功的东西从而迫使企业依赖新东西。戴维尼（D'Aveni，1994）认为，没有企业可以建立持续的竞争优势，因为今天的优势会很快转变为明天的劣势，与不断尝试创造稳定和均衡不同，企业必须通过创造暂时的优势积极打破他们自身拥有的优势以及竞争者的优势。另一方面，莱温特和马奇（Levitt & March，1993）认为，更多倾向于过度探索，同样会陷入失败导致搜索和变革，进而更加失败，更多地陷入搜索这一怪圈。

在实践中，部分创新企业在市场上不能取得成功的原因可以部分归结为不断地探索新产品和不熟悉的市场这一趋势，没有配置足够的资源用于开发更熟悉或者更窄的市场位的能力。总而言之，探索和利用是两个基本不同的逻辑，需要竞争企业的稀缺资源，会产生矛盾，但是他们之间同样存在协同效应，所以需要企业管理两者之间的平衡。

2.4.3 探索和利用的平衡

探索和学习是组织学习中两个基本的概念，目前越来越多的研究开始关注如何取得探索与学习之间的平衡，这一平衡视角主要嵌入在二元性组织概念中。他们相互竞争稀缺资源，却又对组织生存和发展至关重要，因而探索和利用之间的权衡非常有必要。直到塔什曼和奥莱理（Tushman & O'Reilly，2006）提出二元性组织概念，人们对于探索与利用的平衡才逐步形成了一致性的认识，他们将二元性组织描述成能够同时在成熟市场竞争（成本、效率和渐进式创新是关键）并且为新兴市场开发新产品和服务能力（试验、速度、灵活性是关键）的企业，即二元性企业能够同时进行探索和利用，相比于那些单独强调某一方面的企业能够取得更好的绩效。在实践中，由于探索和利用是两个基本不同的逻辑，需要不同的战略、组织结构、惯例等支撑，使得两者之间的矛盾很难协调，较少有企业能够成功管理二元性。然而，保持探索和利用的平衡又对组织生存和长期发展至关重要，除非这一矛盾很好地被管理，不然追求探索和利用的企业由于不能取得两者之间的平衡，交互影响反而会破坏组织绩效。

通过长达十几年的研究，有学者提出了一系列取得探索和利用平衡的方式。按照学习和利用的知识所处的范围可分为组织内部、组织外部（并购、联盟）

以及内部和外部的交互三类，针对不同的知识来源，提出了聚焦于单一领域或单一模式内部的时间分隔和空间分隔的方式，也有的学者认为单一领域和单一模式内取得探索和利用的平衡会因为对资源配置的权衡等问题对组织绩效产生负向影响，因此，聚焦于跨领域和跨模式提出了取得探索和利用平衡的方式。

2.4.3.1　组织内探索与利用的平衡

目前，在组织内取得探索式学习和利用式学习的平衡的方式主要有空间分隔和时间分隔两类。第一，空间分隔。现有的很多文献将结构二元性等同于业务单元或企业层次的空间分隔，通过建立分隔的单元或追求探索或追求利用（Duncan，1976）。这一空间分隔保证组织单元按照其任务环境的特定需求对资源、惯例等进行配置（Lawrence & Lorsch，1967）。追求探索的组织单元一般较小，过程更加松散，采用分散化管理，而追求利用的组织单元一般更大、较集中，过程更紧密（Tushman & O'Reilly III，1996）。

结构差异化有助于二元性组织保持不同的能力来面对不一致的需求（Gilbert，2005）。理论探讨主要集中于是否以及在什么程度上这些单元需要被整合来保持探索与利用的平衡这一问题。一些学者认为，探索式单元应该比利用式单元更强（Leonard-Barton，1995；Levinthal，1997）。克莱顿（Clayton，1997）认为，探索式单元需要与利用式单元需要完全区分开来，从而能够追求破坏式创新。而其他学者则提出需要创造多个紧密耦合单元松散耦合的组织结构（O Reilly & Tushman，2004），这些不同的单元在物质和文化上相互分离，拥有不同的激励系统和管理团队，跨单元间的战略整合通过更高层管理的协调以及更强的、被广泛分享的企业文化来达到。

第二，时间分隔。有学者提出使用平行结构可以通过在两种或更多种结构类型间不断转换探索和利用的方式来取得探索和利用间的平衡，具体探索或利用则取决于特定的任务需求（McDonough & Leifer，1983）。一个单元的正式原始结构可以被用来进行日常任务，维持稳定性和效率，二级结构（例如项目团队或网络）则可以支持非惯例活动和创新来平衡原有的结构缺陷（Goldstein，1985），这一补充的结构与原有的任务结构共存来保证效率和灵活性。与空间分隔不同的是，平行结构允许探索和利用在单个业务单元中存在（Gibson & Birkinshaw，2004）。

2.4.3.2　组织间探索与利用的平衡

一些学者提出，企业可以通过联盟或并购的方式获取外部知识，并分别提出了在联盟和并购这两类情境下取得探索和利用平衡的具体方式。单独地在组织内部进行探索式学习仍然建立在已有的内部知识上，企业越依赖于其自身的核心能力进行创新，促进本地搜索而不是跨边界搜索，就会限制新的问题解决方案的产生，从而更有可能变得路径依赖（Rosenkopf & Nerkar，2001）。进一步地，当企业尝试着拓展现有知识基范围，不可避免地依赖于核心能力会促使组织惯性和核心僵化的产生（Leonard-Barton，1992），从而抑制探索，对绩效产生负向影响。然而，基于现有内部知识对已有产品的改进（即利用）在这一条件下则十分有利（Burgelman，2002），因为渐进式提升能够促进组织的可靠性和生产率（March，1991）。因此，组织边界内知识搜索邻近性和内部知识的反复利用会抑制探索带来的收益。

情境一：通过联盟获取外部知识的基础上进行探索和利用的平衡。

不少学者提出，企业可以在价值链上游通过与联盟合作者合作进行探索式学习，也可以基于现有知识与联盟合作者在价值链下游进行产品的商业化，从而进行利用式学习（Lavie & Rosenkopf，2006；Rosenkopf & Nerkar，2001）。拉维等（2011）在对联盟探索和利用平衡的研究中专门指出，在联盟形成决策中，并不是简单的“是否达到探索和利用的平衡”起作用，更重要的是达到这一平衡的具体方式。基于职能领域（创造知识 vs 撬动知识的联盟）和结构领域（新合作者 vs 先前的合作者）区分的方式来达到探索和利用的平衡已经取得了认可，在此基础上，拉等（2011）提出不同领域分隔这一新的方式，并通过对 1990 ~ 2001 年美国软件企业的联盟的研究对比了特定领域内部以及跨领域平衡对组织绩效的影响，研究得出，在结构范围内取得探索和利用的平衡（寻求新合作者和先前合作者特定比例的趋势）对企业市场价值和净利润有负向影响，而跨职能和结构领域平衡探索和利用（构建研发合作联盟进行探索，同时与先前的合作者重复建立联盟进行利用）能够提升绩效。同时，随着企业的不断成长，同领域内取得探索和利用平衡的收益逐渐减少，跨领域取得探索和利用平衡对于提升绩效变得更有效。

情境二：通过并购获取外部知识的基础上进行探索和利用的平衡。

在并购这一情境下，企业能够直接获取相关的知识（Finkelstein，2009），也能够找寻到与现有知识非相关的新知识（Vermeulen & Barkema，2001）。企业可以通过并购与自身知识基相距较远的企业进行探索式学习，也可以通过并购与自身知识基紧密联系的企业撬动已经建立的知识进行利用式学习（Ahuja & Katila，2001；Vermeulen & Barkema，2001）。

2.4.3.3 不同模式间探索与利用的平衡

组织间合作的方式虽然通过直接获取外部知识避免了完全聚焦于组织内部知识进行探索式学习带来的限制，但是单一聚焦于特定模式下探索和利用的平衡仍然存在较大的局限性。斯泰特纳和拉维（Stettner & Lavie，2014）通过对190家美国软件企业的大样本分析，发现通过在不同模式间进行探索和利用的平衡收益大于在特定每一模式间取得探索和利用平衡获取的收益，进一步地，采用外部导向的模式进行探索例如并购或联盟，采用内部导向的模式进行利用能够更好地提升绩效。

通过在跨模式间取得探索和利用的平衡，企业可以开发专有化资源、流线型能力、提升每个模式中的组织过程。例如，通过市场化联盟聚焦于利用式学习不会破坏企业通过新产品开发或者非相关并购的专业化探索的能力。企业既能够取得效益，又能够取得规模和范围经济性。这些收益来自企业在特定模式内探索或利用式学习的专业技能。在一种模式内通过利用获取的资源还能够支持另一模式内的探索式学习（Rothaermel，2001），或者至少在同一模式内保留他们的价值（Vassolo，Anand & Folta，2004）。专业化收益来自维持每个模式内主导的组织学习类型，所以资源不需要在每个模式中跨探索和利用共享。因此，通过不同模式分别聚焦于探索和利用，既能够获取探索和利用平衡的收益，又能够避免冲突的组织惯例带来组织学习的负向转移，大于在每个模式内取得探索和利用平衡所能获取的收益。

2.5 本章小结

本书主要聚焦于后发企业技术追赶的情境，通过探讨后发企业如何通过合作伙伴即节点群的选择构建有效的创新网络进行技术追赶，并且聚焦于组织学习这一中介机制来解释企业如何从创新网络中获益。后发企业在向竞争前沿转型的过程中，部分优秀的企业逐步通过自身技术能力的提升突破了技术引进—落后—再引进的怪圈，构建起了有效的全球创新网络，不仅通过与领先企业的合作获取成熟技术进行利用式学习开发新产品，同时通过设立联合实验室等方式与优秀的组织进行前沿技术的探索，实现了组织学习二元平衡来获取持续的竞争优势。本书试图通过聚焦于后发企业构建创新网络进行技术追赶这一重要战略决策，建立后发企业技术追赶与战略管理文献的对话，弥补缺乏后发企业技术追赶理论缺乏主流理论聚焦和机理解释的不足（Mathews，2002），并进一步深化通过对领先企业的技术溢出进行模仿创新的追赶理论（Dutrénit，2004；刘洋等，2013）的不足。

后发企业构建创新网络主要是为了获取和整合分散在全球的技术知识，不同的节点由于自身资源禀赋的特质使得节点（群）在知识集合上呈现出不同的特征，网络资源观作为捕获节点资源特征，通过结合组织内部和外部特征来共同解释企业如何在网络情境下获取竞争优势的新视角十分契合本书研究的核心问题。同时，合作伙伴选择研究、创新网络构成研究、组织学习二元性研究为解决本书研究的核心问题提供了良好的研究背景，但也存在一定的研究空白，具体如下。

合作伙伴选择是企业构建创新网络重要的事前行为，现有的合作伙伴选择研究存在以下不足：（1）以单向选择行为偏多，忽略了合作伙伴选择背后的匹配机制（Mindruta，2013）。（2）以二元选择偏多，忽略了企业所处网络情境下复杂的合作伙伴选择机制，即很少有研究探讨企业创新网络构建背后的合作伙伴选择机理。从知识角度对于合作伙伴选择的研究很少对不同企业组成的知识组合的互补性或相似性进行控制，只有少数一些研究在联盟形成的时候考虑了互补性，但大多是从年龄、规模、地理分布、管理相似性、客户产业分布重叠度等简单的对互补性进行衡量（Baum et al.，2010）。此外，如果企业间的知识和能力太相似，知识重叠度太高，学习空间就少了，如果知识重叠度太低，不能相互理解也无法学习；并且随着时间的变化，最初知识重叠度不高的合作伙伴之间的知识重叠度会逐渐增加。但是，在以往的研究中对于相似性/互补性的衡量不随时间变化，因此，不能更好地解释合作伙伴选择和知识组合的共演。（3）现有研究基本都集中于合作伙伴选择的标准、机制上，合作伙伴行为的研究还不能很好地解释在相应的选择机制下，企业是否构建起了有效的创新网络，因此，将合作伙伴选择与绩效等结果联系在一起能够进一步深化合作伙伴选择的研究（郝斌等，2014）。（4）在后发企业技术追赶情境下，关于合作伙伴选择的研究只是考虑到从合作者那里转移技术，属于单向知识流动，现有的许多后发企业已经在世界上占据一席之地，构建起了以自身为主导的创新网络，因而双向知识流动被忽略了。企业间合作中关于合作伙伴选择的理论仍然十分薄弱，需要更多特定情境下的研究为管理者提供更为中肯的建议。

组织间网络构成的研究为更好地理解企业如何在网络中获利提供了更深入的解释，然而现有的研究仍存在以下三个方面的不足：一是主要聚焦于网络节点的异质性特征上，而单从异质性本身还不足以完全刻画出网络构成内容的全部特征，因为一群乌合之众构成的异质性成员肯定不如一群精英构成的异质性成员能够对企业获取知识进行创新起到更好的效果，因而还需要联合其他属性进行进一步的分析；二是现有的研究都以既定的创新网络为背景，事实上，企业最初构建创新网络的合作伙伴选择是重要的战略行为，是企业在网络中获利的重要影响因素，现有研究很少关注构成有效创新网络的网络层次的合作伙伴选择研究；三是传统的关于创新网络构成的研究都从线性的角度出发，虽然权变视角从一定程度上阐述了不同的企业由于自身能力的不同能从相同的创新网络中获取的收益存在差异性，但是仍然不能很好地回答不同的企业应该构建什么样特征的创新网络这一问题。

目前，对于组织学习二元性的研究主要聚焦于发达国家情境，以往的研究认为，后发企业由于资源稀缺，更适合采用时间分隔的方式取得探索式学习和利用式学习的平衡，然而，在网络情境下，丰富的网络资源（Lavie & Rosenkopf, 2006）为后发企业同时采用探索式学习和利用式学习提供了可能。以往有研究指出，后发企业在创新网络的构建过程中，逐步从间断型平衡模式（即时间分隔）转向双元型平衡模式（即空间分隔），探讨内部知识与外部知识联动情况下的探索和利用的平衡问题，但是其具体机制还未明晰；另外，虽然研究指出探索和利用的平衡对于组织生存和长期发展都十分关键，然而并不是所有的企业在所有的阶段都需要保持同等水平的探索和利用，即会随着企业成长，这一平衡的具体方式也存在相应的变化，但这一具体的过程机制仍未明晰。

对于以上研究空白，本书基于架构和权变的视角，从内部知识基宽度和深度来刻画后发企业内部知识基特征，从知识异质性和知识质量两个维度来刻画创新网络的构成特征，搭建了“内部知识基和创新网络构成的架构类型—组织学习—创新追赶绩效”为框架的后发企业有效创新网络构建的模型，通过四个子研究试图将后发企业技术追赶与主流战略管理文献建立对话，同时将合作伙伴选择与具体的绩效结果联系一起，并进一步阐述后发企业构建组织二元性的具体路径。

第3章　后发企业内部知识基与创新网络构成的架构类型及其作用机制探析

围绕子研究问题一和子研究问题二，本章主要通过对6家企业现有知识基和创新网络构成的编码分析，得出在不同知识基特征下，能够取得高创新追赶绩效的内部知识基和创新网络构成的架构类型以及具体的组织学习中介机制。

3.1　问题提出

德国社会学家齐美尔是社会网络理论的鼻祖，早期社会网络理论的基本思路就是从社会结构或网络结构来讨论、研究社会行为（周雪光，2009）。自格兰诺维特（Grannovetter，1985）提出“嵌入性”概念后社会网络理论再次兴起。与格兰诺维特着眼于网络结构对人的自主性的限制及其对人们行为的塑造不同，波特（Burt，1993）“结构洞”概念的提出更多的是将网络作为一种工具性机制，强调个人行为通过网络关系得到收益这一因果关系，这一思路引起了组织研究领域的学者们的极大兴趣，使得组织间关系的研究自20世纪90年代以来变得十分活跃。经过二十几年的发展，社会网络理论在组织间关系的研究中快速地形成了结构和关系两大视角，用于研究组织自我中心网（ego-network）或整体网。结构视角的研究主要强调结构洞（Ahuja，2000；Vasudeva，Zaheer & Hernandez，2013）、网络密度（Phelps，2010；Schilling & Phelps，2007）、中心性（Caner，Sun & Prescott，2014）、规模（Lahiri & Narayanan，2013）等焦点企业的结构嵌入特征或网络本身的结构特征对企业行为和绩效的影响；关系视角的研究主要强调强弱连带（Michelfelder & Kratzer，2013；Rost，2011）、关系质量（Liao，Liu & Loi，2010）等关系嵌入特征对企业行为和绩效的影响。

所有的这些研究都关注了网络的整体结构，或者把所有网络结构的节点视为均质的，从社会学角度来讲，这样的解释有利于我们来回答社会行为下社会资本（Coleman，1988）的内在属性；然而，从管理学的角度来讲，这样的研究仍然不能很好地回答经济行为下企业自身特征与外部异质性节点组织成的网络架构间的相互关系及其对企业行为和绩效的影响。首先，过去的研究从网络的结构和关系特征出发，将节点视为均质实体，忽略了节点的属性以及网络的构成内容（Phelps，2010）。其次，现有的研究认为架构的网络（例如网络规模、网络闭合、网络开放等架构特征）就是与企业绩效相关的，而这种简单的因果关系显然没有办法来解释很多网络内部由于节点异质性所带来的绩效差异性。

这一问题已经引起了部分学者的关注，开始研究网络构成内容对企业行为和绩效的影响。大部分学者主要从合作伙伴异质性的角度来考量网络的构成内容，有的学者直接从合作伙伴所拥有的知识、技术、能力或资源等禀赋差异来刻画节点的异质性（Phelps，2010；Sammarra & Biggiero，2008；Sampson，2007；Wassmer & Dussauge，2012），有的则从合作伙伴的具体特性出发，从组织类型、产业背景、市场定位、文化、地理位置等属性的差异来刻画节点异质性（Bruyaka & Duysters et al.，2012；Goerzen & Beamish，2005；Lin，2012），其解释机制认为，这些不同的属性差异反映了合作伙伴知识、技术或资源禀赋的差异性，这些研究大多基于资源观和交易成本理论直接探讨节点异质性与创新绩效间的关系；也有少部分学者在合作伙伴选择的研究过程中提出合作伙伴自身资源禀赋的水平高或低（Baum et al.，2010；Diestre & Rajagopalan，2012；Mason & Drakeman，2014）会影响企业从建立网络或并购等经济行为中获取的收益。

事实上，每个企业都是由特殊资源束构成的异质性实体，包括选择合作伙伴构建创新网络的焦点企业本身。根据以往的研究思路，企业与异质性程度更高的合作者进行合作能获取更多的互补性知识、资源等，从而收获更高的绩效。然而，即使在相同的异质性水平的创新网络下，这些企业的综合资源禀赋水平也会存在差异，进而导致焦点企业所能获取的网络收益产生差异；进一步地，由于焦点企业自身资源禀赋特征的不同，面对相同异质性水平和综合资源禀赋水平的创新网络，其能从创新网络中获取的收益也会存在差异。与一般回归结果得出的结论不同，并不是异质性程度越高，企业所能获取的收益就越高，这同时取决于合作者的资源禀赋水平以及企业自身的资源特征。因为企业对合作伙伴的选择是一种双向的经济行为，焦点企业会基于自身的战略需求与利益预期对合作伙伴进行选择，合作伙伴同时也会基于自身需求选择企业，两者通过内在的匹配来共同影响创新输出（Mindruta，2013）。尤其是对于市场和技术双重劣势的中国后发企业而言，技术水平高的合作伙伴不愿意与其合作，跟技术水平低的合作伙伴合作又不能获取价值。以往的研究大多简单地将企业的创新输出与衡量这些网络内容的指标直接联系在一起，很少有研究更加深入地探索与合作者特征相关的合作结果（Mindruta，2013），也很少有研究关注网络构成内容与创新绩效间的中间机制，因此，仍然不能很好地解释企业自身的独特性及其构建的创新网络构成内容间的差异性间的关系及其对企业创新输出的影响。

为了弥补以往研究存在的不足，更好地解释企业网络构建行为的独特性和绩效的差异性，本书从知识的角度出发，采用匹配的视角，通过对6家典型的案例企业的分析试图回答以下三个理论问题：（1）如何更好地刻画企业创新网络的构成内容？（2）企业自身资源特征与创新网络构成内容如何匹配才能更快更好地提升创新绩效？（3）匹配过程中具体的作用机制是什么？首先，知识是企业获取竞争优势的战略资源（Winter，1998），获取外部知识资源也是企业构建创新网络的主要目的，从知识资源的角度来刻画企业自身和创新网络的属性相对合理；其次，在研究中很多学者只关注单因素的权变影响，例如，单独考虑知识数量（Lin & Wu，2010）、网络位置（Tsai，2001）、成员异质性（Lin，2012；Phelps，2010；Raesfeld et al.，2012）、内部资源和外部资源（Schultz，Schreyoegg & von Reitzenstein，2013）、内部研发和外部研发（Hagedoorn & Wang，2012），事实上，企业自身以及创新网络呈现出多种属性，这些属性紧密相关、相互增强并且呈现出特定的系统化集聚的多维实体，用单一维度刻画多维实体存在一定的局限性。因此，本书通过知识基宽度和知识基深度两个维度来刻画企业内部知识基，结合表征不同的企业类型；同时将每个节点视为异质性实体，借鉴网络知识资源的概念，通过知识异质性和知识质量两个维度来刻画创新网络的构成内容，进而表征不同的创新网络类型。

3.2 理论基础

3.2.1 内部知识基及其对组织的作用

基于资源观和复杂性理论的研究，可以得出：企业的知识基宽度和深度会交互对企业行为和绩效产生影响（van Wijk et al.，2012；Zahra，Ireland & Hitt，

2000)。企业技术知识是搜索的结果，而新知识通常是现有知识和过去知识的重组（Dosi & Grazzi，2006）。知识基宽度是指企业跨技术领域学习和搜索的范围，组织可以跨越不同的技术领域开发和积累知识，考虑到企业的有限资源，企业必须选择所处的技术领域及其程度；知识基深度更多的是指本地搜索的结果。技术创新需要企业在本地搜索和超本地搜索间权衡，是企业重要的战略。创新是搜索新的和不确定的多条路径的过程，知识深度的增加使得搜索过程变得更加有效（Moorthy & Polley，2010），因此，不断通过利用式学习增加知识基深度能够提升创新追赶绩效。此外，技术和产品创新需要跨技术领域的一定程度的知识宽度，技术知识类别的拓展能够提升不确定性环境下企业创新的成功率（Leiponen & Helfat，2010），从而对组织产生影响。

3.2.2 创新网络及其对组织的影响

任何企业都不可能独立在内部完成整个创新过程，创新网络的构建使得后发企业能够快速进行技术追赶。以往对于企业创新网络的研究多以既定的网络为研究背景，基于网络嵌入性来探索网络结构、网络关系等网络属性对企业创新行为或绩效的影响，由于其视网络节点为均质的，因此，得出的结论会存在一定的悖论，例如，有的研究显示连带数量越多越好，有的相反；有的显示网络闭合好，有的显示结构洞位置有利等（Lee，2007；Schilling & Phelps，2007）。为了弥补社会网络理论将节点视为均质的不足，进一步深入解释网络对企业行为和绩效的影响，近些年，学者们把焦点转向考察网络构成内容上。

网络构成是指在特定属性、产品特点或资源禀赋方面有差异的不同类型的行为者（Wasserman，1994）。目前对网络构成的研究大部分主要从合作伙伴异质性的角度来考量网络的构成内容，这些研究大多基于资源观和交易成本理论直接探讨节点异质性与创新绩效间的关系，得出的结果却不尽相同。基于资源观理论的解释认为，节点的异质性意味着创新资源的差异化，能够为焦点企业带来互补性的创新资源，促进外部资源利用效率从而提升企业的创新绩效（Jiang et al.，2010）；而基于交易成本理论的解释则认为，不同类型的组织之间存在不同的目标、决策过程和管理方式，随着节点异质性的程度不断提升，组织间的交流与合作难度上升，一定程度上会增加网络的搜索、管理和整合成本，抵消所能带来的收益，从而对焦点企业的创新绩效带来负面影响（Nooteboom，Van Haverbeke，Duysters，Gilsing & van den Oord，2007；Petruzzelli，2011；Raesfeld et al.，2012；

梁靓，2014）。

3.2.3 权变视角下创新网络对组织的影响

随着组织间联盟不断增加和正式化（Lavie，2007），联盟研究逐步从二元层次转向联盟组合层次，目前对联盟组合的描述主要是多样化（Goerzen & Beamish，2005；Koka & Prescott，2008）。一些学者提出，并不是所有的企业都能够同样地从联盟组合多样性中获益（Schilke & Goerzen，2010；Schilling & Phelps，2007），因而有必要采用权变视角，并认为焦点企业的吸收能力、联盟经验等对异质性的影响存在正向调节作用（Petruzzelli，2011；Raesfeld et al.，2012；梁靓，2014）。新兴的研究流派较多关注内外部知识间的关系（Cassiman & Veugelers，2006；Sampson，2007；Zaheer & Bell，2005），基于吸收能力的文献指出，能够建立撬动外部知识的内部能力能够更好地从多样化的联盟组合中获利（Wuyts & Dutta，2014）。但是以往的研究主要聚焦于内部知识存量（Hagedoorn & Wang，2012；Schultz et al.，2013）或者多样化知识（Wuyts & Dutta，2014）维度上。

这些以创新网络为既定背景的研究从一定程度上能够回答后发企业构建有效创新网络这一问题，例如，企业需要占据网络中心的位置，构建起具有相应数量且保持一定程度的异质性的网络，不断提升自身的吸收能力，从而能够更好地从创新网络中获利。然而，由于企业自身特征的不同，对创新网络成员数量、异质性等相应维度的具体特征均存在不同的要求，从而会形成各种类型的创新网络，相对应地取得更好的创新绩效。以往以既定创新网络为背景的研究不能很好地回答不同的企业如何不同地配置合作伙伴构建有效创新网络这一问题，因此，区别于以往传统的权变视角下的线性研究，本书从架构的视角来探索这一具体问题。

3.3 研究设计

3.3.1 方法选择

本书之所以选择探索性多案例研究是因为我们想要探索“企业自身资源特征与外部创新网络构成内容间的匹配关系及其对企业创新绩效的作用机制”，涉及

“怎么样”的问题（Yin，2009），其具体的关系不清晰。具体而言：（1）我们的研究情境是近几年众多后发企业从新兴国家走出去构建全球化创新网络这一独特情境；（2）为了探究企业内部资源特征和外部创新网络间的匹配关系，需要选取极端的案例进行对比得出研究结论；（3）研究问题的关系复杂性要求我们采用探索性多案例研究（Glaser & Strauss，2009）。

3.3.2　案例选择

遵循案例选择的极端性、典型性、代表性、数据获取便利性等原则，本书选择了 6 家企业（简介见表 3.1），原因如下：（1）这 6 家案例企业自身知识基特征呈现出不同的类型，便于我们获取不同的内外部知识架构的组合类型；（2）6 家案例企业都属于行业内的优秀企业，但最终呈现出的创新绩效仍存在一定的差异性，便于我们对比总结内外部知识架构组合中更有利于创新绩效提升的匹配类型及作用机制；（3）这些案例企业都分布在浙江省内，能够从一定程度上排除制度、市场等外部环境的影响。

表 3.1　　案例企业简介

企业代码	A3	B3	C3	D3	E3	F3
行业	安防视频监控	传动制造	热交换器	电池制造	低压电器	建筑电器
主导产品	前端设备、主控设备、后端设备及安防软件为架构的安防产品	链条、链轮、齿轮等多种传动产品	机油冷却器、中冷器等热交换器	通信电源、绿色环保储能应用产品、后备电源、动力电源及特殊电源领域等相关产品	配电电器、控制电器、终端电器、电源电器和电力电子等低压电器产品	电工电气、照明电器、水电管道、智能电气四大产品族群
成立	2001 年	1991 年	1958 年	1994 年	1984 年	1981 年
收入	35.31 亿元	16.45 亿元	16.84 亿元	31.04 亿元	107.03 亿元	约 12 亿元
行业地位	全球领先的监控产品供应商和解决方案服务商	东华每年研制 700 ~ 900 个新产品，平均每天能研制出 2 ~ 3 个新产品，并且保持每年新品种开发数量增加 7% ~8%	我国汽车零部件散热器行业龙头企业，主导产品机油冷却器、中冷器国内市场占有率分别达到 45% 和 35%	国内外通信等后备电源行业领先企业	我国工业电器龙头企业和新能源领军企业，是国内规模最大、品种最齐全的清洁能源供应商和能效管理系列解决方案提供商	专业的建筑电器连接和建筑电气控制系统的集成供应商，目前公司产品在建筑电气领域享有很高的品牌知名度和美誉度

注：财务数据为 2012 年数据，企业名称均为代码。

3.3.3 变量测度

本书从知识的角度出发，采用匹配的方法，通过多维度来分别刻画企业内部知识基与创新网络构成内容的特征，从而弥补以往单维度先行研究的不足，具体而言：（1）从知识资源的宽度和深度两个维度的架构来解构企业内部知识资源的特征，其中，知识宽度指的是企业拥有的知识涵盖的跨领域的程度（Moorthy & Polley，2010），捕获了知识的水平维度，即其异质性内容；知识深度指的是在核心领域企业知识的精细化（sophistication）和复杂化（complexity）水平（Moorthy & Polley，2010），捕获了其纵向维度，即独特的、复杂的、特定领域内的知识内容。（2）从网络知识资源的角度出发，从知识异质性和知识质量两个维度来表征创新网络的构成内容特征。网络知识资源是指企业通过网络所能接触到的合作者的有价值的知识资源（Dyer & Hatch，2006），其中，知识异质性是指企业所能接触到的合作伙伴间知识类别的多样性；知识质量是指企业所能接触到的合作者知识水平的高低。

为了探索出内部知识基与创新网络构成内容的匹配关系，我们在以往文献对每个变量的定义及测度的基础上，结合6家行业内优秀的案例企业的实际情况为内部知识基宽度、内部知识基深度，创新网络知识异质性、知识质量分别赋值高、低，对创新绩效赋值中、较好、好三个层次，具体而言：（1）内部知识基宽度“低”表示企业聚焦于单体产品①的核心技术，“高”代表企业聚焦于复杂产品②的多层次核心技术；内部知识基深度“低”表示企业在核心技术领域的知识积累相对较浅，还处于行业中等水平，“高”表示企业在核心技术领域的知识积累较深，已经达到行业领先水平。（2）创新网络构成内容中知识异质性“低”表示企业所接触的知识仅收敛于少数技术知识领域，知识异质性“高”表示企业所接触的知识发散在多个技术知识领域；知识质量“低”表示企业所接触的主要知识与国际领先水平还有一定差距，知识质量“高”表示企业所接触的主要知识处于国际领先水平。（3）创新绩效“中”表示企业创新绩效基本处于国内行业领先水平，与国际领先水平仍存在较大差距；“较好”表示企业创新绩效处于国内行业领先水平，并且少数技术达到国际领先水平，与国际领先水平的差

① 单体产品（discrete product）：部件产品，技术专利基本属于同一个专利类别。

② 复杂产品（complex product）：由许多部件和要素构成，每个部件和要素的专利分属于不同的专利类别。

距逐步缩小；“好”表示企业创新绩效处于国内行业领先水平，且多项技术达到国际领先水平，与国际领先企业能够并驾齐驱（见表 3.2）。

表 3.2　　　　变量测度标准

构念	维度	描述	测度标准	赋值
内部知识基	内部知识基宽度	涉及的知识广泛程度	单体产品的核心技术	低
			复杂产品的系统技术	高
	内部知识基深度	对技术领域的掌握精通程度	在少数技术领域进行创新	低
			在众多技术领域进行创新	高
创新网络构成	知识异质性	合作技术领域	局限于单体产品的少数技术领域	低
			复杂产品众多技术领域有合作	高
	知识质量	合作者平均技术水平	处于行业内一般水平为主	低
			处于行业内领先水平	高
创新绩效		国内行业水平及其与国际领先企业的差距	行业中等，还存在较大差距	中
			行业优秀，差距缩小	较好
			与国际领先企业并驾齐驱	好

3.3.4　数据收集

本书主要收集了档案资料、文献资料、访谈资料三种数据来源，力图通过多样化的信息和资料来源进行交叉验证和相互补充（Eisenhardt，1989；Yin，2009）。不同的证据来源构成“资料三角形”（Patton，1987），能够避免共同方法偏差，便于验证同一个事实，提高案例构建的信度和效度。访谈记录和档案数据相结合在一定程度上能够避免印象管理、自我夸大、回溯性释义等带来的偏差（Eisenhardt & Graebner，2007）。具体资料信息如下。

访谈资料。对每个企业，研究者都对公司高层、公司技术研发人员（每个案例平均 11 人次）做了深入的访谈，每人次访谈时间约 1.5 小时。访谈内容涉及了解企业的基本情况以及合作的动机、合作的方式、合作的效果等细节问题。

档案资料：（1）内部资料。公司内部刊物、合作协议、产品简介以及高层讲话记录等相关信息。（2）公司年报。主要包括 2007 年以来 4 家企业上市以后披露的年报、中期报告等披露信息（其中，A^3企业为 2008 年在深市中小板上市的企业，C^3企业为 2007 年在深市创业板上市的企业，D^3企业为 2010 年在深市创业板上市的企业，E^3企业为 2009 年在沪市主板上市的企业）。（3）公司申报国家级技术中心、省级技术中心、质量奖等相应奖项所形成的文字报告。

文献资料：（1）通过中国知网（CNKI）、行业统计报告等检索6家案例企业的相关信息。（2）通过百度、谷歌等搜索引擎检索6家案例企业的相关信息。（3）通过集团公司网站检索其披露的信息。（4）通过国家知识产权局网站CNIPR中外专利信息服务平台（CNIPR）检索6家案例企业的专利申请情况。

3.3.5 数据分析

为了更好地分析每一家案例企业内部知识基架构与创新网络知识资源架构间的匹配及其对创新绩效的影响机制，本书通过案例内分析、跨案例分析、得出命题并验证3个阶段。

首先，通过数据整理和数据缩减对每个案例进行案例内分析。数据缩减是指对以获取的访谈录音和文本资料进行选择、聚焦、简化、摘录和转化的过程（Miles & Huberman，1994）。在此之前，我们整理了每个案例的历史数据，形成了每个案例平均约1.6万字的案例报告，随后根据收集到的数据材料和理论预设，按照已确定的分析框架对企业内部知识基、创新网络构成内容和创新绩效进行证据归档，在归档过程中又不断与现有文献进行比对，以得到最确切的证据，最终用表格的形式对6个案例中识别的主要变量的特征进行陈列，使数据清晰可见。为辨别企业内部知识基与创新网络构成内容间的匹配做准备。

其次，通过案例间分析对6个案例企业的各个变量进行归纳总结，识别变量间的相互关系并总结不同企业内部知识基与创新网络构成内容的匹配架构类型及其与创新绩效的作用机制。在探索企业内部知识基与创新网络构成内容的匹配架构时，不断对比6家案例企业间的相似性和差异性，对比不同类型下企业最终的创新绩效间的差异性，从而得出可靠的结论；在探索不同匹配模式对创新绩效的作用机制时，先总结了不同模式下企业所表征出来的行为，并通过案例间比较总结出一致的结论。对6家案例企业进行不断类比的过程实际上也是对得出的结论进行相互验证的过程，类似于自然科学中的重复实验（Eisenhardt，1989；Yin，2009）。

最后，通过案例内和案例间的比较，根据主要变量得出若干命题的思路，并与现有理论进行对比，进行命题的修正，得出最后的命题。最终命题的形成主要遵循如下过程（参见图3.1）。

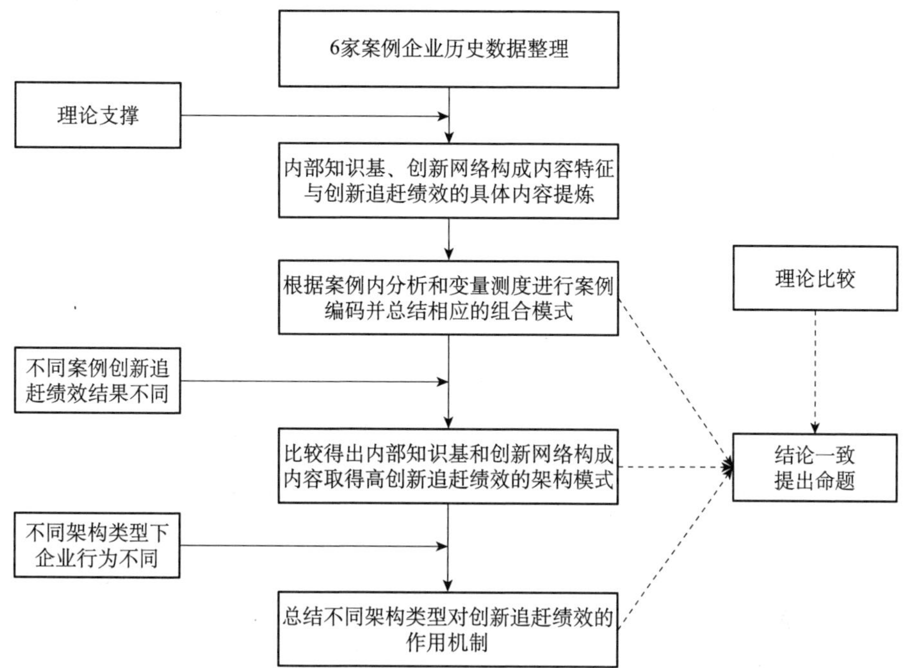

图 3.1　架构类型及其对创新绩效的作用机制命题提出过程

3.4　案例分析与主要发现

本书先对每个案例的历史数据做了初步的整理，然后分别对每个企业的内部知识基、创新网络构成内容和创新绩效进行详细的表述，在此基础上结合文献、依据变量测度标准对其进行结构化的编码，得到综合的数据信息。由于企业在不同的发展阶段，自身知识基和创新网络构成内容以及创新绩效都会存在不同的变化，但是不一定所有的内部知识基和创新网络构成内容的组合都能最快最好地提升创新绩效的匹配架构，所以本书在考虑内部知识基和创新网络构成内容及创新绩效差异的基础上，选取最近阶段创新网络构成过程中内部知识基特征和创新网络构建后的创新绩效，这也在一定程度上从关键事件发生的次序来保证识别的因果关系的可靠性（Eisenhardt，1989）。

3.4.1　后发企业内部知识基

通过案例分析，本书发现不同的企业所呈现出来的内部知识基存在差异性。

知识基宽度主要涉及为实现企业产品输出所需的不同领域知识的差异程度（van Wijk et al.，2012；Zahra et al.，2000）。随着企业的发展，不同的企业会聚焦于不同特征产品的输出，有的聚焦于单体产品，有的聚焦于复杂产品。单体产品内部技术领域间的技术距离相对较近，而相对于单体产品，复杂产品需要更多的部件和要素，不同的部件和要素分属于不同的知识领域（Xiao et al.，2013），因此，相对于单体产品而言，复杂产品需要更宽的知识基支撑产品的发展。知识基深度主要是指企业在所从事的技术领域对技术知识的熟悉、掌握和精通程度，捕获了知识基特征的纵向维度（van Wijk et al.，2012；Zahra et al.，2000），相比于刚涉入相关行业以及与行业内国际领先企业存在较大技术差距的企业，在行业内积淀更久并且与行业内国际领先企业技术差距更小的企业的知识基深度会更深。通过对 6 家企业的案例内分析可以发现，企业在具体的产品战略上存在差异性，A^3、E^3和 F^3企业聚焦于复杂产品输出，而 B^3、C^3和 D^3企业聚焦于单体产品输出，从而带来内部知识基宽度的差异；同时不同的企业在核心技术领域所积累的经验也存在差异性（见表 3.3）。

表 3.3　企业内部知识基架构内容

企业代码	内部知识基架构	
	架构维度	具体的架构内容
A^3（2009～2014 年）	知识基宽度	在嵌入式数字 Digital Video Recorder DVR 这一核心技术的基础上，A^3企业通过自主研发和走出去学习的方式已经将嵌入式开发技术延伸到视频及图像处理技术和存储技术上。在新阶段的创新网络构建过程中，进一步拓展至智能化技术、光学技术、芯片技术、高清复合视频接口（HDCVI①技术和云存储/云计算技术）
	知识基深度	在构建新阶段创新网络之前，A^3企业已经完全掌握了嵌入式开发技术，在国内首家推出 8 路音视频同步嵌入式 DVR，打破国外技术垄断；累计获得 63 项专利，其中发明专利 7 项；升级的 16 路全实时嵌入式 DVR 被评为“国家火炬计划项目”，网络视频服务器被认定为“国家重点新产品”
B^3（2009～2014 年）	知识基宽度	B^3企业以汽车链条为核心产品，在链条转向技术上，通过自主研发和合作研发不断将链条单元技术拓展应用于板式链、自动扶梯连、输送链、农业机件链条以及军用链条领域
	知识基深度	B^3企业一直聚焦于链条技术的发展，其中，汽车链条的“四轮驱动里面的分动箱链条（SC180）”的研发与制造填补了国内的空白；其扶梯链技术也达到了世界领先水平，在全球范围内也只有一家德国企业能和东华相比

① HDCVI（High Definition Composite Video Interface）：高清复合视频接口，是一种基于同轴电缆的高清视频传输规范，采用模拟调制技术传输逐行扫描的高清视频，大华具有完全自主产权。

续表

企业代码	内部知识基架构	
	架构维度	具体的架构内容
C^3（2007~2014 年）	知识基宽度	在机械冷却这一单元技术上，C^3 企业从最初的油冷却热交换发展到水、气热交换上，并将自己的专业技术发展到新的应用领域，使其业务不断向农业机械、压缩机、船舶、风力发电、发电机组、火车机车及工业、民用等热交换领域市场拓展和延伸，同时也向专机设计配套方向拓展，提供换热解决方案
	知识基深度	板翘式冷却器，填补了国内技术与设备的空白；铜切焊设备的引进和大规模生产带动了铜切焊技术在行业内的发展；1999 年试制散热器冷却循环试验台并成功填补了国内空白；2004 年开始建立热交换器风洞试验台，是目前国内同类试验设备中测试能力最齐全的设备之一；与美国康明斯合作配套的过程中，C^3 企业试制的 APQP 样品在美国台顿大学进行对比试验的结果表明，证明其性能高 5%、价格低 40%、寿命试验比原来样品强 4 倍，在机械热冷却领域积淀了很深的技术知识
D^3（2011~2014 年）	知识基宽度	D^3 企业主要围绕锂电池技术、阀控技术和燃料技术。并逐步将铅酸电池下的电池模块、制冷模块和控制系统模块进行“系统集成”或者“开发系统管理软件”，由现有市场领域向新领域拓展，例如，通信系统、储能系统、铁路内燃机车、电力系统、不间断电源系统、大电流启动系统等新领域
	知识基深度	公司于 2003 年开始加强了技术研发工作，2007、2008、2009 年公司研发投入达到 3 027 万元、5 108 万元、5 217. 1 万元；经过持续的研发投入，公司成功开发出管式胶体电池和聚合物胶体电池，形成了 LSA 大密、LSE 大密、MP 中密、Acme 中密、GEL2V 等在内的 18 个系列、190 余个品种的产品体系，可以满足客户在各种供配电环境、自然条件及操作条件下对后备电源的要求；公司非常重视产品工艺开发，陆续开发出新型板栅成型工艺与快速固化等先进工艺，可以有效降低产品成本，提高生产效率，提升公司产品的竞争能力
E^3（2009~2014 年）	知识基宽度	围绕低压电器以及成套设备技术，E^3 企业已经将技术领域拓展到输配电设备制造、电线电缆以及新能源——太阳能光伏领域，同时由电气设备制造向系统集成全面发展，并逐步向智能技术发展
	知识基深度	2005 年，自主研发生产的 LW-252 高压六氟化硫断路器被列入上海市重点新产品项目计划，填补了国内空白；500kV 避雷器、复合绝缘子、“E^3” 126kV GIS 等 7 种产品等顺利通过专家鉴定，达到了行业先进水平，但在基础前沿技术上与国外还存在一定的差距
F^3（2008~2014 年）	知识基宽度	在传统的电工、管业、普通照明的基础上，F^3 企业开始将业务拓展到发光二极管（LED）照明、智能家居领域
	知识基深度	智能家居控制系统 04 年获浙江省科技进步二等奖，杭州市科技进步二等奖；纳米有机蒙脱土 2006 年获得杭州市科技进步二等奖，浙江省科技进步三等奖，逐步达到行业领先水平

3.4.2 创新网络构成

知识是企业获取竞争优势的战略资源（Grant，1996；Winter，1998），企业可以通过嵌入创新网络获取外部知识、促进学习、提升创新绩效（Ahuja，2000；Dyer & Singh，1998；Gulati，1999；Kapoor，2013；Phelps，2010；Wassmer & Dussauge，2012）。由于企业所嵌入的创新网络的成员在所属行业特征、自身资源禀赋等属性上的不同以及建立在焦点企业自身基础上所构建的连带方式的不同，从而其呈现出不同的特征（Phelps，2010）。本书借鉴网络知识资源（Dyer & Hatch，2006）的概念，从企业所能接触到的网络知识资源的异质性和质量两个维度来刻画创新网络知识资源架构的差异性。网络知识资源异质性主要是指企业所能接触到的合作伙伴知识领域的多样性；网络知识资源质量主要是指企业所能接触到的合作伙伴技术领域的知识水平，以往的研究将知识质量等同于连带关系特征，认为关系更强意味着企业能接触到更高质量的成员知识（Lee，2007），在此基础上，本书认为知识质量还取决于合作者在相关技术领域本身的知识积累。通过对6家案例企业的简单描述，可以发现不同企业所构建的创新网络，具体的合作内容差异性、成员的总体技术水平、主导合作方式上都存在一定的区别（见表3.4）。

表3.4　创新网络构成内容

企业代码	创新网络构成	
	构成维度	具体的构成内容
A^3（2009～2014年）	知识异质性	信源编码标准（AVS）、智能视频分析算法、C语言AVS算法编码与解码软件、热成像技术、芯片、编解码技术、存储技术等
	知识质量	以浙江大学、杭州电子科技大学、浙江警官职业学校……美国菲力尔（FLIR）、韩国NEXTCHIP公司、威盛电子（VIA Telecom）、英特尔（Intel）、美国ALTERA公司、德州仪器（TI）、意法半导体（ST）、索尼（SONY）、亚德诺半导体（ADI）……美国Honeywell Security等为对象的长期技术合作、项目技术合作、本地主导联合实验室为主的合作
B^3（2009～2014年）	知识异质性	模具制造精度、齿轮设计、链条疲劳强度、免震装置、静音链、新型链条材料、链条特殊工艺、精度等
	知识质量	以浙江大学、吉林大学、全国链传动标准化技术委员会、东京理科大学、福井大学、金泽大学、亚森大学……一汽轿车、一汽新能源公司、德国克鲁勃公司、马来西亚TOTAL DRIVE公司、德国Voegele公司……德国Ketten wulf集团等为对象的联合成立研究所、建立合资公司、配套链条技术项目为主的合作

续表

企业代码	创新网络构成	
	构成维度	具体的构成内容
C^3（2007～2014年）	知识异质性	铝油冷却器、铝制散热器产品的气体保护钎焊工艺等具体技术
	知识质量	以浙江大学、哈尔滨工业大学、浙江科技学院、中国内燃机研究所、奥地利李斯特内燃机及测试（AVL）研究所、白俄罗斯雷科夫研究所……上柴、昆明云内、柳汽、东风康明斯、重庆康明斯、吉利、上海松芝、卡特彼勒、法雷奥、福特、伟世通、沃尔沃、道依茨、德国曼好家（MWH）公司……美国热动力国际公司为对象成立联合研发中心、长期技术合作、配套技术攻关、合资公司为方式的合作
D^3（2011～2014年）	知识异质性	高能超级电池、四碱式硫酸铅、混合动力汽车用高性能阀控密封电池、超高功率型磷酸铁锂、环保技术等电池性能技术、狭长型电池开发等
	知识质量	以浙江大学、天津大学、厦门大学、浙江工业大学、中科院、国际顶级研究机构国际铅酸电池联合会（ALABC）、中国人民解放军防化研究院、保加利亚科学院……爱默生、日本电报电话公司（NTT）、沃达丰（Vodafone）、中国移动（CMCC）、西班牙 Telefonica、新加坡电信（SinTel）、奇瑞汽车公司……欧洲 Oerlikon、美国邱健（Trojan）、挪威易达（Eltek）为对象联合技术攻关、人才培养、研究中心、技术交流、项目合作为方式的合作
E^3（2009～2014年）	知识异质性	断路器灭弧室仿真分析、断路器在线智能检测的研制、薄膜太阳能电池、低压电器模具、智能电网等
	知识质量	以美国宾夕法尼亚州立大学、河北工业大学、温州大学、浙江大学、清华大学、同济大学、杭州电子科技大学……本地供应商上海电器科学研究所（集团）有限公司为对象联合研发中心、项目、战略联盟、技术交流、设立新企业为方式的合作
F^3（2008～2014年）	知识异质性	节能照明智能控制系统、新材料、创意设计、光健康、LED 照明等
	知识质量	以浙江大学、清华大学、浙江工商大学、台湾东贝光电科技股份有限公司、浙江第一人民医院为对象技术项目、联合实验室、院士工作站、合资公司、技术项目为方式的合作

3.4.3　创新追赶绩效

对企业创新绩效的测量存在多种方式，本书主要从企业获取的专利（Sun & Du，2010）、企业追赶国际领先企业实现技术差距的缩小（Park & Lee，2006）以及新产品（Rhee，Park & Lee，2010）等方面来刻画企业的创新绩效（见表3.5）。

表 3.5　　案例企业创新绩效内容

企业代码	创新绩效内容
A3（2009～2014 年）	累计获取发明专利与实用新型专利累积 168 项；10 年开始公司持续推出基于 N5 平台的全系列 DVR、基于 N6 平台的高清系统解决方案、基于 X86 平台的 NVR6000 系列产品，创下 30 个行业第一；推出行业高清视频传输规范——HDCVI，推动全球 HDCVI 新高清普及；推出业界首创的三混合数字硬盘录像机（HCVR），可同时支持 HDCVI、模拟、网络三种接入；每年近 10% 的销售收入投入研发，现拥有 3 000 余人的研发技术团队，创造众多行业和世界第一。拥有及获得受理专利 468 项，其中拥有发明专利 25 项，连续 6 年入选《A&S》“全球安防 50 强”（2013 年位列前十），2013 年 IHS 机构权威报告全球安防视频监控市场占有率位列第二，全球 DVR 市场占有率位列第二
B3（2009～2014 年）	累积申请了 48 项专利，其中实用新型与发明专利共计 45 项；直升机和军工飞机使用的链条研发是国内军用链条的技术突破；在农机链条方面，B 企业自主研发了镀硬铬技术，取得了技术性的突破，提升了链条的耐磨性，产品质量优于国外链条，同时还带动了行业镀硬铬技术的发展；与国内外众多企业合作研发的技术和产品创造了众多突破国外垄断、替代进口的记录，包括与东风汽车合作研发的 SC1252 军车用链条，与唐山通力齿轮有限公司合作研发的 CL06F2 新型啮合齿形链等
C3（2007～2014 年）	累计获得了发明专利和实用新型专利 206 项；发动机废气再循环（ERG）与选择性催化还原（SCR）产品，企业注册了较有影响力的一些专利，其中 03 企业的 SCR 在技术方面已达到全球中上水平，ERG 是企业完全自主知识产权的产品，有很大的价值，其部分性能已经其部分性能已经超过了国际领先水平，在 2010 年，该产品达到了企业 50% 的利润，目前在申请两项国际专利
D3（2011～2014 年）	企业已经累积获得授权发明专利和实用新型专利 122 项；公司新产品开发的数量及广度在同行内居于领先地位；成功开发出适用于新能源储能、节能、混合动力、启停等领域的铅炭电池技术，通过国家级能源科技鉴定，达到国际先进水平，并得到国际先进铅酸蓄电池联合会（ALABC）的项目资助，另外，又有多项技术达到国际领先水平，例如，通信后备电源、锂离子电池及新型阀控密封电池，并形成了以高温电池为代表的研发成果
E3（2009～2014 年）	中压 SNV-M 型智能断路器的开发，有效填补了中压断路器元件智能化市场空白；首次自主研发成功 550kV GIS，并将地理信息系统（GIS）跻身于超高压领域，达到国际先进水平；太阳能光伏发电和新能源用变压器及高低压预装式变电站，达到国内领先水平；13 年开发新产品 139 项，其中具有自主知识产权的智能型万能式断路器、高压变压器产品、新能源预装式变电站等产品已达到国际先进水平
F3（2008～2014 年）	企业开发出的 LED 电源具有显著领先同行业的电性能指标，可靠性指标，智能化程度，节能效果和寿命也大幅提高；企业的智能家居控制系统通过科委鉴定，鉴定结论为“性能达到国际先进、国内领先水平”；截至 2012 年，公司累计申请专利 276 项，其中申请发明专利 23 项

3.5　跨案例分析与命题提出

在对每个案例内部知识基、创新网络构成内容和创新绩效内容描述的基础上，本书成立专家小组根据变量测度标准、针对每个案例的实际情况对相关变量进行编码（见表 3.6）。

表 3.6　企业内部知识基架构、创新网络构成架构与创新追赶绩效编码汇总

维度		A^3	B^3	C^3	D^3	E^3	F^3
内部知识基	知识基宽度	高	低	低	低	高	高
	知识基深度	高	高	高	低	低	低
创新网络构成内容	知识异质性	高	低	低	低	高	低
	知识质量	高	高	高	高	低	低
创新追赶绩效		好	好	好	好	较好	中

3.5.1　高创新追赶绩效下企业内部知识基与创新网络构成的架构类型

通过跨案例对比不同企业的内部知识基和创新网络构成内容，本书发现了 5 种对应的模式，分别为 A^3企业“内部知识基（宽度高、深度高）⟷创新网络构成内容（知识异质性高、知识质量高）”、B^3和 C^3企业“内部知识基（宽度低、深度高）⟷创新网络构成内容（知识异质性低、知识质量高）”、D^3企业“内部知识基（宽度低、深度低）⟷创新网络构成内容（知识异质性低、知识质量高）”、E^3企业“内部知识基（宽度高、深度低）⟷创新网络构成内容（知识异质性高、知识质量低）”以及 F^3企业的“内部知识基（宽度高、深度低）⟷创新网络构成内容（知识异质性低、知识质量低）”。

从企业内部知识基来看，总共有 4 种类型，分别为 A^3企业（宽度高、深度高）、B^3和 C^3企业（宽度低、深度高）、D^3企业（宽度低、深度低）、E^3和 F^3企业（宽度高、深度低）。研究发现，A^3、B^3、C^3、D^3企业在对应的三种内部知识基和创新网络构成内容的架构模式下都取得了好的创新绩效，因此，我们认为，“内部知识基（宽度高、深度高）⟷创新网络构成内容（知识异质性高、知识质量高）”“内部知识基（宽度低、深度高）⟷创新网络构成内容（知识异质性低、知识质量高）”和“内部知识基（宽度低、深度低）⟷创新网络构成内容

（知识异质性低、知识质量高）”是能够更好地提升创新绩效的匹配架构。再进一步对比 E^3 和 F^3 企业的创新绩效，可以发现，E^3 企业的架构模式下创新绩效相比于 F^3 企业要好一些，可能的原因是，当企业自身所处知识领域更宽泛，创新网络知识异质性的增加能够提升内外部知识互补的范围和可能性，从而更好地促进创新绩效。然而 E^3 企业在其目前的内部知识基和创新网络构成内容的架构模式下，其创新绩效仍不如 A^3 等企业，A^3 等企业构建的创新网络的知识质量相比于 E^3 企业更高，能接触到更前沿的技术知识，从而有助于其提升创新绩效。因此，本书认为，在 E^3 企业目前的架构模式基础上，提升创新网络知识质量能够更好地促进创新绩效，也就是说“内部知识基（宽度高、深度低）⟷创新网络构成内容（知识异质性高、知识质量高）”是能更好地提升创新绩效的匹配架构。基于此，得出以下命题。

命题 1：当企业内部知识基宽度和深度都很低的情况下，所构建的创新网络越收敛（知识异质性低），能接触到的网络知识资源质量越高，更能促进创新绩效的提升；

命题 2：当企业内部知识基宽度低、深度高的情况下，所构建的创新网络越收敛，能接触到的网络知识资源质量越高，更能促进创新绩效的提升；

命题 3：当企业内部知识基宽度高、深度低的情况下，所构建的创新网络越发散（知识异质性高），能接触到的网络知识资源质量越高，更能促进创新绩效的提升；

命题 4：当企业内部知识基宽度高、深度高的情况下，所构建的创新网络越发散，能接触到的网络知识资源质量越高，更能促进创新绩效的提升。

3.5.2 企业内部知识基与创新网络构成架构类型对创新追赶绩效的中介机制

组织学习焦点企业从合作伙伴那里获取知识、技术和诀窍的过程（Khanna, Gulati & Nohria, 1998），企业能够通过合作伙伴之间的知识收集、转移、应用和再创造等一系列学习过程产生创新，从而提高组织自身的竞争优势（Powell, 1998），本书认为，企业内部知识基与外部创新网络构成内容间的匹配需要通过组织学习才能转化为企业自身的创新绩效。组织学习主要分为探索式学习和利用式学习，探索式学习是指对新兴的不熟悉的知识的学习，强调的是搜寻、尝试、承担风险和创新等特点，利用式学习则指学习已有的或成熟的知识，强调的是改进、执行、提高效率和适应等特点（March，1991），同时对单个企业来讲，跨技术领域的学习也可以被认为是探索式学习（Peng & Wu，2013）。在不同的匹配模式下，企业获取知识的动机以及获取的知识不同，从而衍生出不同的主导学习模式，进而影响企业的创新绩效。为了更好地得出不同匹配模式对企业创新绩效的作用机制，本书对不同企业的学习模式进行了总结（见表3.7）。

表3.7　　案例企业学习模式内容

企业名称	学习模式内容
A^3（2009~2014年）	通过产学研合作探索新的更前沿的技术；与国内外众多产业链企业建立战略合作伙伴关系，对已有的相关技术地进一步挖掘；并与其他技术非相关企业合作，通过技术整合创造新市场
B^3（2009~2014年）	与高校和科研机构合作的研发项目，往往涉及比较复杂的理论研究，这些都是超出东华能力范围的，旨在探索更先进的技术；同时与更多新领域的客户企业在某项链条技术上有深入的研发合作，旨在将已有的链条技术通过进一步改进应用于新的领域
C^3（2007~2014年）	与众多国内外的高校与研究机构保持长期研发合作关系，解决具体的某项技术问题；利用已有技术，与多家产业链上下游企业合作开发新产品
D^3（2011~2014年）	开展了各种形式的国内外技术开发与合作，不断地通过克服各项技术难题，合作研发突破了多项新的技术
E^3（2009~2014年）	主要是通过产学研合作提升已有技术
F^3（2008~2014年）	通过产学研合作和产业链上下游合作学习自身企业欠缺的技术知识，面向已有的LED市场

通过对6家案例企业在构建创新网络过程中的学习内容描述，可以判断出A^3、B^3和C^3企业实现了探索式学习和利用式学习在空间上的平衡，其中，产学研的合作主要涉及前沿技术、新技术的探索式学习，企业间的合作主要还是利用式学习为主（除A^3企业与国内许多技术非相关企业的合作学习）；D^3、E^3和F^3企业主要是以学习已有的成熟技术、开发利用现有的技术的利用式学习为主。

通过对6家案例企业的具体分析，并且结合以往文献研究的结论，本书得出以下作用机制：如果企业聚焦于单体产品这类涉及技术领域知识范围较窄的技术发展路径，并且当其技术能力刚起步、与国际同行业技术水平差距较大时，企业应该选择与同领域内技术水平较高的合作者进行合作，首先与相同领域内的合作者进行合作保证双方拥有类似的知识基，对焦点企业理解、消化、吸收合作伙伴相似知识的能力要求相对较低；其次与高水平的合作者进行合作，通过对成熟技术溢出进行模仿、学习和复制的开发学习能够快速增加现有的技术和能力，深化和提炼企业自身知识基，引领企业快速地在单元技术上进行追赶，取得好的创新绩效。随着企业的技术水平与国际领先企业的技术水平差距逐渐缩小，知识基更复杂，企业在已有的知识领域内，一方面会与高质量的合作伙伴继续开发利用已有的知识和技能开发新产品面对新老市场，另一方面会与高技术水平的合作伙伴进行新技术的探索，通过利用式学习和探索式学习在空间上的平衡来更好地提升创新绩效（参见图3.2）。

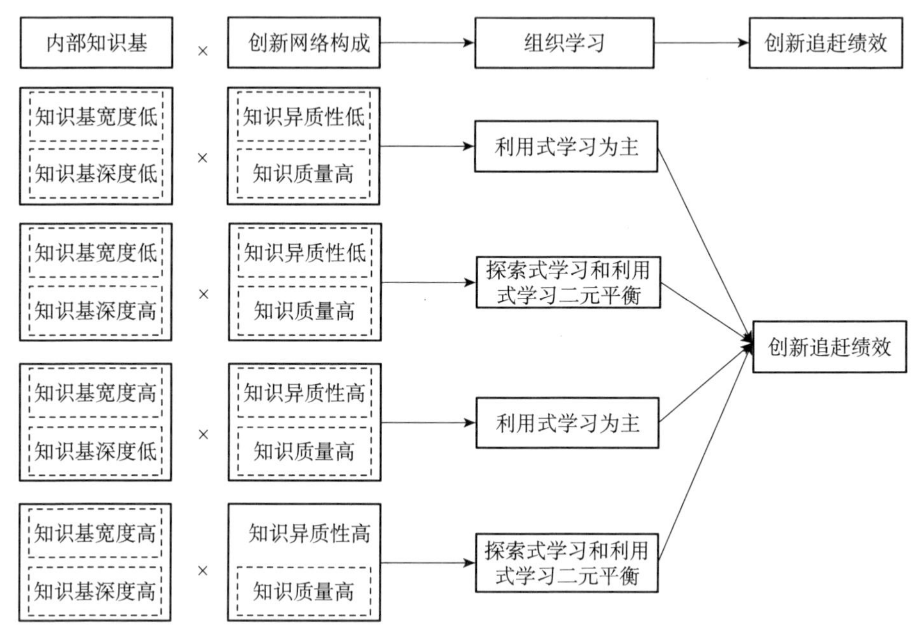

图3.2　后发企业内部知识基和创新网络构成的架构类型及作用机制

如果企业聚焦于复杂产品这类涉及技术领域知识范围较广或者集合多种技术领域非相关产品的技术发展路径，并且当其技术水平相对较低、自身知识积累不足以支撑其构成核心竞争力时，企业与对应自身薄弱技术领域的高水平合作者进行合作：一方面通过增加所能接触到的外部知识的异质性来提升其与内部较宽知识基之间互补的可能性而更好地促进创新绩效；另一方面与更高水平的合作者进行合作，能够通过对成熟技术溢出进行模仿、学习和复制的开发学习快速提升现有的技术和能力，联合提升企业的创新绩效。随着企业的技术水平与国际领先企业的技术水平差距逐渐缩小，企业在保证与更高质量的合作者进行合作的同时，对伙伴的知识异质性程度要求会更高：一方面通过开发利用已有的成熟技术面对新老市场获得稳定的创新收益；另一方面通过与自身知识基相差较大且知识质量更高的合作者进行新技术和新领域的探索学习来开发新需求和新市场，通过利用式学习和探索式学习在空间上的二元平衡来保持创新绩效的持续提升。基于以上分析，得出以下命题。

命题 5：当企业内部知识基宽度和深度都很低，所构建的创新网络收敛，且接触到的网络知识资源质量高的情况下时，企业通过利用式学习能够更好地提升创新绩效；

命题 6：当企业内部知识基宽度低、深度高，所构建的创新网络收敛，且接触到的网络知识资源质量高的情况下时，企业通过探索式学习和利用式学习的二元平衡能够更好地提升创新绩效；

命题 7：当企业内部知识基宽度高、深度低，所构建的创新网络发散，且接触到的网络知识资源质量高的情况下时，企业通过利用式学习能更好地提升创新绩效；

命题 8：当企业内部知识基深度和宽度都很高，所构建的创新网络越发散，且接触到的网络知识资源质量越高的情况下时，企业通过探索式学习和利用式学习的二元平衡能够更好地提升创新绩效。

3.6　本章小结

通过对 6 家行业内领先的制造业企业创新网络构建行为的分析，本书发现：（1）基于知识基宽度和知识基深度，不同的企业呈现出 4 种不同的内部知识基类型（宽度低、深度低；宽度低、深度高；宽度高、深度低；宽度高、深度高）；（2）不同的知识基类型下，基于知识异质性和知识质量的企业外部网络合作伙伴节点内容不同，可以由此解构出内部知识基与外部创新网络内容间的匹配架构；（3）从经验上解构出可以内外匹配以后基于不同的组织学习模式来提升创新绩效的过程和内在逻辑。

第4章　后发企业内部知识基和创新网络构成的架构类型：基于fsQCA的实证方法

围绕子研究问题一和子研究问题二，本章将通过集合论方法中的fsQCA方法对后发企业内部知识基与创新网络构成的架构类型进行进一步的探索和验证。后发企业在通过合作伙伴配置构建创新网络进行技术追赶的背景下，由于企业自身特征和战略需求的不同会选择不同合作伙伴构建起具有不同特征的创新网络。从后发企业整体来看，会形成不同的内部知识基与创新网络构成的架构类型，这些架构类型内部各要素会呈现不一样的特征组合，通过不同的组织学习方式作用于创新追赶绩效，并且与创新追赶绩效之间存在不一样的关系。因此，本章将在第三章的基础上，探索并验证后发企业技术追赶过程中呈现出来的内部知识基与创新网络构成的架构类型以及其与创新追赶绩效间的关系，并通过进一步的案例分析总结不同架构类型与创新追赶绩效间的中介机制，验证第三章提出的初始命题。

4.1　问题提出

越来越多的研究证实，企业通过研发合作能够快速获取互补资源、降低风险、共享成本等（Caner et al.，2014；Powell，1998；Rost，2011；et al.）。资源的分散化以及技术基础知识、技能和资源的快速发展，使得企业很难独立地在内部完成整个创新过程（Beckman et al.，2004），研发合作成为企业在变化的技术空间内跨边界获取知识的有效方式（Baum et al.，2010）。企业通过参与研发合作构建的网络会影响企业的行为和绩效，为了构建有效的创新网络、最大化网络收益，一开始的合作伙伴选择成为创新网络构建的重要战略决策，因为合作伙伴的构成决定了企业所能汲取的技能、知识、资源，也是影响网络绩效的重要因素（Yan & Gray，2001）。尤其是对处于向市场经济转型中的新兴经济体国家的企业而言，通过构建有效的创新网络来汲取合作伙伴的资源和能力对企业自身技术能力的提升非常有价值（Madhok，2002；Yan & Gray，2001）。

合作伙伴选择以及创新网络（治理）的研究在一定程度上回答了如何构建有效的创新网络这一核心问题。合作伙伴选择是构建有效创新网络的事前行为，现有的研究主要集中在对合作伙伴选择动机、具体的选择标准以及选择形成的最终合作结果上，对于回答企业如何构建有效的创新网络这一问题还存在以下局限性：一是现有的研究很少将合作伙伴选择的合作结果与组织绩效等结果联系在一起，因而很难判断在相应的合作伙伴选择机制指引下形成的合作结果是否能够取得好的绩效；二是现有的结果一般将合作伙伴选择聚焦于二元层次或者单类别联盟层次，例如高校和研究机构（Freitas，Geuna & Rossi，2013）、产业链（Mahapatra，Narasimhan & Barbieri，2010）、国际合作伙伴（Roy & Oliver，2009）等，由于很多企业的合作伙伴涵盖了高校、研究机构、企业等各类型组织，这样就很难从网络层次来回答企业通过选择不同资源属性的合作伙伴构建什么特征的创新网络是有效的这一问题。

创新网络的研究一般探索既存的网络下不同的网络特征对企业行为和结果的影响，简单地将网络的结构和关系特征与绩效联系在一起，在一定程度上能够将研究结果中取得高绩效的网络结构和关系视为构建有效创新网络的一个方面，从事后行为的角度来看这一定程度上回答了如何构建有效的创新网络这一核心问题。然而，现有的研究基本将节点视为均质的（Phelps，2010），这就意味着不管节点是谁，保持某结构或关系特征就能构建起有效的创新网络，这显然是有失偏颇的。

在后发企业技术追赶的情境下，面对市场和技术双重劣势的后发企业有着构建学习导向联盟的战略需求，面临着“高不成低不就”的尴尬状态，真正好的合作伙伴不愿意与一般的后发企业建立学习导向的创新联盟，就算后发企业通过并购等方式与优秀的跨国企业“联姻”，依然无法掌握被兼并企业的核心技术（魏江等，2014）。此外，与一般的合作伙伴建立学习式联盟能够取得的提升创新能力的效果有限。因此，要在有限的合作伙伴选择范围内，如何选择最合适的合作伙伴构建有效的创新网络实现全球资源整合切实提升技术创新能力成为关键的问题。知识是企业获取竞争优势的战略资源（Winter，1998），获取外部知识资源也是企业构建创新网络的主要目的，因此，要从内部知识基深度和广度两个维度来刻画后发企业自身知识基特征，从知识异质性和知识质量两个维度来刻画创新网络构成内容，从而具体回答以下问题：（1）后发企业可以如何配置内部知识基和相应的创新网络，从而产生好的创新追赶绩效？（2）在不同的内部知识基和创新网络配置下，企业应该具体选择什么组织学习方式从所嵌入的创新网络中获益？

4.2 理论基础

任何企业都不可能独立在内部完成整个创新过程，创新网络的构建成为企业跨边界获取外部知识的有效方式（Baum et al.，2010），对于后发企业而言，能够快速学习和获取前沿的信息、先进的技术知识，从而有利于创新追赶（Buck, Liu & Ott，2010；Yan & Gray，2001）。以焦点企业的自我中心网络为主要对象，目前对于创新网络的研究主要是在既存的网络背景下，从网络结构、关系、内容三方面属性来探讨其对焦点企业行为和绩效的影响。首先，结构流派的研究主要聚焦于网络的结构属性，用组织所处的网络地位来解释企业从网络中获取的收益（Ahuja et al.，2012；Gulati，1999；Gulati & Sytch，2007；Kapoor，2013；Wassmer & Dussauge，2012）。这类研究强调结构洞（Burt，1993）、中心性（Bonacich，2007）、结构对等性（Burt，1987）、密度（Coleman，1988）等网络属性在企业获取信息等资源上有不同的优势，从而对绩效产生影响。其次，关系流派的研究强调连带的质量在塑造网络获取的收益上的影响。这类研究认为互相信任、信息的共享、共同问题解决可以增强交易关系，这些都会增强组织对网络中的资源的获取（Dyer & Singh，1998）。这两个流派的研究都将网络节点视为均质的，但表明了焦点组织在开发网络提供的机会上有不同的能力，却仍不能回答为什么同样的结构和关系可能会产生不同的影响这一问题。

内容流派的研究，试图用网络构成来弥补结构视角和关系视角视节点为均质的不足，目前学者主要通过关注网络节点的异质性水平来考察网络节点间资源禀赋的差异性，如组织异质性（Bruyaka，2008；Duysters et al.，2012；Lin，2012）、国家异质性（Duysters et al.，2012；Goerzen & Beamish，2005）、产业异质性（Goerzen & Beamish，2005；Lin，2012）、市场异质性（Duysters et al.，2012）等，这些研究聚焦于网络内容的异质性对企业创新网络作用于绩效的机理做研究。总体来说，现有就节点异质性对焦点企业的影响研究，有两大理论的解释。一是基于资源观理论的解释，认为节点的异质性意味着创新资源的差异化，能够为焦点企业带来互补性的创新资源，促进外部资源利用效率从而提升企业的创新绩效（Jiang et al.，2010）。二是基于交易成本理论的解释，认为不同类型的组织之间存在不同的目标、决策过程和管理方式，随着节点异质性的程度不断提升，组织间的交流与合作难度上升，在一定程度上会增加网络的搜索、管理和整合成本，抵消所能带来的收益，从而对焦点企业的创新绩效带来负面影响（Petruzzelli，2011；Raesfeld et al.，2012；梁靓，2014）。这两种理论的解释提出了理论困境：创新网络的节点异质性对创新绩效的作用究竟是正向的还是负向的？

基于上述研究综述，可以发现，在理论上需要进一步来回答：（1）特定的焦点企业需要配置什么样的节点（群），才能取得更好的创新追赶绩效？（2）如何从宏观视角对创新网络节点异质性的刻画深入到微观层面的网络架构分析，来揭示焦点企业内在特质与外部创新网络之间匹配的有效性？为此，本书立足于网络内容研究的流派，采用架构的视角，从知识基深度和广度两方面来刻画企业内部知识基特征，联合知识异质性和知识质量两个维度来刻画企业所构建的创新网络特征，从而揭示后发企业的内部知识基础、外部创新网络架构与创新追赶之间的深层次内在联系。

4.3　研究方法

4.3.1　方法选择

围绕“后发企业在技术追赶过程中如何通过配置合适的合作伙伴构建有效的创新网络”这一核心问题，一方面，企业在内部知识基以及创新网络构成上都呈现出多维度的特征；另一方面，企业合作伙伴选择的结果最终形成不同的模式影响创新追赶绩效，并且可能存在殊途同归性（即有不同的模式同样能够取得相同的创新追赶绩效），因此，本子研究将采用 fsQCA 的方法来解决这一问题。一方面，验证子研究一提出的初始命题 1 ~ 命题 4；另一方面，在子研究一的基础上进一步探索是否存在其他内部知识基和创新网络构成的模式同样能够取得好的创新追赶绩效，并通过结合结论与案例分析的方式确定每一类架构类型下作用于创新追赶绩效的组织学习中介机制，验证子研究一命题5～命题8。

4.3.2 样本选择

本书的研究对象为后发企业，具体为中国高新技术企业中的高技术制造业，如前所述，首先，高新技术企业是我国后发企业进行技术追赶的典型代表，这些企业在通过创新网络的构建进行技术追赶方面做了很大的努力，并且取得了一定的成效，非常符合本书研究探讨后发企业通过构建选择技术合作伙伴、构建有效的创新网络进行技术追赶这一主题。其次，高技术制造业一直是我国重点发展的支柱产业，是摆脱我国“制造大国”标签，转型升级成为“创造和制造强国”的关键部门（黄学，2014）。最后，高技术制造业属于高技术含量的复杂产品制造部门，复杂产品往往涉及多个部件或要素，每一个部件或要素都要求不同领域的技术知识（Miller et al.，2007；Xiao et al.，2013）。无论传统的还是新兴高技术制造企业，所涵盖的部件或要素上存在差异，有的聚焦于单体产品制造，有的聚焦于复杂产品制造，并且不同的企业技术积累水平存在差异性，选择合作伙伴构建的创新网络特征也会存在一定的差异性，这一背景很好地契合了本书探索不同内部知识基特征的企业通过选择合作伙伴构建创新网络进行技术追赶的机制这一问题。同时，在数据可得性的情况下将研究对象聚焦于浙江省的高技术制造业，浙江省企业在走出去方面始终走在全国的前列，为本书更细致地探索全球有效创新网络构建提供了很好的背景。

以浙江省高新技术企业中的高技术制造业为样本，依据fsQCA方法对样本选择的标准（即在考虑结果变量变异为标准的基础上，选择在各条件变量组合同样存在变异的案例）。此外，本书主要探索“企业如何通过选择合作伙伴构建有效的创新网络”这一核心问题，因此，在浙江省高新技术企业高技术制造业样本中，在考虑结果变量变异的基础上，主要抽样选取行业中相对较优秀的企业为样本，因为这些企业的创新网络构建行为更频繁。综合考虑以上选择标准，在数据可得性的基础上，本书选取了21家浙江省高技术制造业样本进行后续的实证分析（见表4.1）。

表4.1　样本企业简介和行业代码

序号	企业代码	企业简介	行业代码
1	A^4	创始于1984年，主营轴承生产与销售	C345
2	B^4	创立于1987年，主导产品涵盖了光纤预制棒和光纤、光缆的完整产品链	C372
3	C^4	创立于1984年，主营制冷空调控制元器件等	C357

续表

序号	企业代码	企业简介	行业代码
4	D^4	成立于 2001 年，专业生产空调器制冷配件及电制冷式中央空调主机和末端设备等产品	C357
5	E^4	创建于 1999 年，以提供优质的低压电器产品和解决方案为主	C392
6	F^4	1998 年成为股份合作制企业，主营汽车零部件生产与销售	C372
7	G^4	成立于 1984 年，是专业的建筑电器连接和建筑电气控制系统的集成供应商	C397
8	H^4	始建于 1975 年，是世界塑料制品业 500 强企业	C301
9	I^4	1995 年成为首批改制为政府授权经营的国有独资企业，主要从事高端装备研发制造	C351
10	J^4	创建于 1994 年，主营业务为蓄电池生产	C394
11	K^4	始创于 1969 年，主业致力于汽车零部件产业	C372
12	L^4	成立于 2001 年，主营计算机软件的开发、服务、销售等	C369
13	M^4	成立于 2000 年，是全国最大的环保机械科研生产企业	C369
14	N^4	成立于 2001 年，是领先的安防产品及行业解决方案提供商	C369
15	O^4	始建于 1986 年，1997 年进入汽车行业	C372
16	P^4	成立于 1999 年，主营汽车零部件、机械配件等生产和销售	C372
17	Q^4	创建于 1984 年，是智慧能源解决方案提供商	C392
18	R^4	创办于 2001 年，从事微型小型水泵和园林机械的生产和销售	C354
19	S^4	成立于 1984 年，是中国领先的综合光学产品制造商	C397
20	T^4	成立于 1999 年，致力于汽车制动系统的研发、生产和销售	C372
21	U^4	成立于 2004 年，专注于 LED 照明的生产销售	C397

注：以上企业名称均为代码。

4.3.3 构念赋值标准

4.3.3.1 企业内部知识基

本书从知识基宽度和知识基深度两个维度来刻画企业内部知识基的特征，根据定义，知识基宽度是指企业拥有的知识涵盖的跨领域的程度（Moorthy & Polley, 2010），捕获了知识的水平维度，即其异质性内容；知识深度指的是在核心领域企业知识的精细化（sophistication）和复杂化（complexity）水平（Moorthy & Polley, 2010），捕获了其纵向维度，即独特的、复杂的、特定领域内的知识内容。有的学者从企业所拥有的专利数据对内部知识基进行刻画（Moorthy & Polley, 2010），有的学者从专利引用情况来看企业内部知识基特征（Awate et al.，2012），也有的学者通过问卷的方式对企业内部知识基进行刻画（van Wijk et al. , 2012；Zahra et al. , 2000）。本书主要通过专利数据结合文本数据来对企业内部知识基特征进行刻画。

基于专利数据，目前关于企业内部知识基宽度和深度的二手数据测度分别有两种方法（主要考虑发明专利和实用新型专利）。就知识基宽度而言，见公式（4－1）（Jose，Nichols & Stevens，1986）和公式（4－2）（Awate et al. , 2012；Moorthy & Polley，2010）。

$$TK_B = 1 - \sum p_i^2 \tag{4-1}$$

$$TK_B = 1 - 1/n \tag{4-2}$$

其中，TK_B 指知识基宽度，p_i 指每一类专利数在总专利数中的占比，n 指总专利类别。第一种参考 Blau 异质性指数，第二种仅从类别数目来考虑，区分度相对不大，因此，本书在采用二手数据对知识基宽度进行刻画时采用公式（4－4）。就知识基深度而言，见公式（4－3）（Moorthy & Polley，2010）和公式（4－4）（Lin & Wu，2010）。

$$TK_D = \sum \left[p_i^2 - (1/n)^2 \right] \tag{4-3}$$

$$TK_D = \sqrt{\sum_1^n \left(\frac{\text{核心企业 } i \text{ 类别专利数目}}{\text{核心企业专利总数}} \times \frac{\text{核心企业 } i \text{ 类别专利数目}}{\text{所有企业 } i \text{ 类专利总数}} \right)} \tag{4-4}$$

其中，TK_D 是知识基深度，p_i 指每一类专利数在总专利数中的占比，n 指总专利类别。根据公式（4－3）得出的结果，其缺陷是得出的是专利聚焦度，不能区分具体专利数量多还是少。由于本书研究对象集中于高技术制造业企业，根据专利数据可得其专利类别都集中于 A～H，相互之间具有一定可比性，因此，本书采用公式（4－4）来计算二手数据下的知识基深度。具体的专利数据见表 4. 2。

表 4. 2　　案例企业专利数量

序号	企业代码	A	B	C	D	E	F	G	H	N	n
1	A^4		21	16	6		118	23		184	5
2	B^4		12	27			1	25	8	73	5
3	C^4		2				62	2	7	73	4
4	D^4		4		2		94	5	2	107	5
5	E^4		1				2	18	300	321	4
6	F^4		10	2			2	1		15	4
7	G^4	4	14	9		1	53	24	107	208	7
8	H^4	1	13	2	6	3			5	29	6
9	I^4		31	2		2	57	17		109	5

续表

序号	企业代码	A	B	C	D	E	F	G	H	N	n
10	J[4]		4	8			1	2	99	114	5
11	K[4]		324	9	1	1	326	130	166	957	7
12	L[4]		3				9	138	146	296	4
13	M[4]	1	147	4			13	1	3	168	6
14	N[4]	1	2				17	147	182	348	5
15	O[4]	62	6 261	101		222	1 765	1 553	338	10 240	7
16	P[4]		22	1			175	22	16	236	5
17	Q[4]		31	6		5	6	85	568	701	6
18	R[4]	2	9	1			35		14	59	5
19	S[4]		6					87		93	2
20	T[4]	3	45	1			25	4		75	5
21	U[4]						37	6	59	102	3

注：N 指专利总数；n 指专利类别数；截至 2014 年 12 月的发明专利和实用新型专利数据。

此外，一方面，高技术制造业内处于不同产业的企业在专利申请上面存在比较大的差异，另一方面，专利本身不能完全代表企业所拥有的知识存量和知识水平（Cohen，Nelson & Walsh，2000；Nelson，Earle，Howard-Grenville，Haack & Young，2014），仅通过专利在对知识基的刻画上存在一定的偏差。因此，本书在二手数据的基础上，对内部知识基的刻画还参照了企业本身的技术特征和技术水平。就内部知识基宽度而言，本书进一步考虑企业自身的产品技术特征，即复杂产品（complex product）/单体产品（discrete product），复杂产品往往涉及多个部件或要素，每一个部件或要素都要求不同领域的技术知识（Miller et al.，2007；Xiao et al.，2013），技术距离相对较大；单体产品往往只需要少数相关技术领域的，相比于复杂产品其技术涵盖领域较少。联合考虑基于专利的内部知识基宽度和产品技术特征，最终得出以下内部知识基赋值方式，见表 4.3。

表 4.3　　内部知识基宽度的 fsQCA 赋值标准

分值	赋值依据
1.00	系统技术，涉及技术领域更广泛；
0.67	系统技术，涉及技术领域相对较少（包括原来是单个零部件生产，后来逐步有部分业务过渡到系统生产的企业）；
0.33	单体技术，设计技术领域相对更广；
0	单体技术，涉及技术领域相对更少

针对知识基深度，本书在专利数据的基础上，进一步通过文本分析的方式确定每个企业所承担的国家重点火炬计划、国家863计划（全称“国家高技术研究发展计划”）、国家科技支撑计划项目数计算总和来刻画。其中，国家重点火炬计划项目是火炬计划的重要组成部分，被认定项目应具有我国自主知识产权，其技术水平在国内同行业居领先地位，项目市场前景好、产业规模大，有较强的市场竞争能力和市场覆盖面，是国家重点发展的高新技术产业，同时，在同行中起到示范带头作用；国家863计划是以政府为主导，以一些有限的领域为研究目标的一个基础研究的国家性计划，以前沿技术研究发展为重点，为充分发挥高技术引领未来发展的先导作用为目标的计划项目；国家科技支撑计划是以重大工艺技术及产业共性技术研究开发与产业化应用示范为重点，主要解决综合性、跨行业、跨地区的重大科技问题，突破技术瓶颈制约，提升产业竞争力为目标的项目。以上三类项目都能很好地代表企业所处的行业中的技术水平，即自身知识的积累程度。因此，本书利用这三类计划的项目数综合和基于专利二手数据计算得到的知识基深度值加总，来确定最后的知识基深度值。

此外，由于知识基深度值最后得到的数据为连续值，需要运用软件将具体的数值转换成为对应的集合从属值。在此之前，需要确定三个临界值，分别为完全从属于内部知识基深度集合的临界值、交叉临界值以及完全不从属于集合的临界值，每一个临界值都需要依据理论和实践来确定，以尽量避免矛盾架构为标准（Ragin，2009）。最后确定的内部知识基深度临界值标准见表4.4。

表4.4　内部知识基深度运用“校准Calibrate”程序的赋值标准

构念	阈值（Threshold）		
	完全不隶属（Full nonmembership）	交叉点（Crossover point）	完全隶属（Full membership）
知识深度	1.00	3.00	5.00

4.3.3.2　创新网络构成

网络构成是指在特定属性、产品特点或资源禀赋方面有差异的不同类型的行为者（Wasserman，1994）。目前对网络构成的研究大部分主要从合作伙伴异质性的角度来考量网络的构成内容，有的学者直接从合作伙伴所拥有的知识、技术、能力或资源等禀赋差异来刻画节点的异质性（Phelps，2010；Sammarra & Biggiero，2008；Sampson，2007；Wassmer & Dussauge，2012）；有的则从合作伙伴的具体特性出发，从组织类型、产业背景、市场定位、文化、地理位置等属性的差异来刻画节点异质性（Duysters & Lokshin，2011；Duysters et al.，2012；Goerzen & Beamish，2005；Lin，2012），其解释机制认为，这些不同的属性差异反映了合作伙伴知识、技术或资源禀赋的差异性，这些研究大多基于资源观和交易成本理论直接探讨节点异质性与创新绩效间的关系；也有少部分学者在合作伙伴选择的研究过程中有提到合作伙伴自身资源禀赋的水平好或差、高或低（Baum et al.，2010；Diestre & Rajagopalan，2012；Mason & Drakeman，2014；Rogan & Sorenson，2014）会影响企业从连网或并购等经济行为中获取的收益。本书从知识异质性和知识质量两个维度来联合刻画（创新）网络构成。

就知识异质性而言，本书主要从网络资源的角度来考察创新网络的资源属性，网络资源指的是焦点企业所能接触到的合作伙伴的资源（Gulati，1999；Gulati et al.，2011；Lavie，2006），因此，本书在刻画知识异质性时，重点考察焦点企业与合作伙伴的具体合作内容，对应《高新技术领域》分类通过合作内容来判定每项合作内容所属的技术领域（具体到三级技术领域），再通过合作内容覆盖技术领域的广泛程度来判断知识异质性的程度，具体标准见表 4.5。

表 4.5　　知识异质性构念 fsQCA 赋值标准

分值	赋值依据
1.00	依据合作的具体内容，对应于《高新技术领域》三级内容总数量超过 12；
0.67	依据合作的具体内容，对应于《高新技术领域》三级内容总数量在 8 ~ 12；
0.33	依据合作的具体内容，对应于《高新技术领域》三级内容总数量在 4 ~ 8；
0	依据合作的具体内容，对应于《高新技术领域》三级内容总数量低于 4

就知识质量而言，本书参考德米尔坎等（2013）对产学研合作中的合作伙伴知识质量的测量，即选取一定的标准，将符合标准的合作伙伴知识质量记为 1，将所有的合作伙伴的知识质量加总即为合作伙伴的知识质量值。由于本书涉及多种类型的合作伙伴，采用统一的标准对知识质量进行刻画会存在很大的偏差，因此，本书将针对学校、科研机构、企业三类组织分别设定标准进行知识质量的判定，最后加总。具体而言，将国外的组织（非技术输出）统一设置为 1，将国内相关领域的行业领导者组织统一设置为虚拟变量 1（高校 211 和 985 者为 1，企业是国家级高新技术企业为 1，科研机构具体参照发表论文以及专利数量总和在对应行业内排名前 5 位 1），其余为 0，所有合作者得分总和即为知识质量的值，

最后结果见表4.6。

表4.6　创新网络构成中知识异质性和知识质量值

序号	企业代码	知识质量	序号	企业代码	知识质量
1	A^4	14	12	L^4	15
2	B^4	12	13	M^4	13
3	C^4	21	14	N^4	16
4	D^4	15	15	O^4	15
5	E^4	6	16	P^4	12
6	F^4	6	17	Q^4	10
7	G^4	5	18	R^4	19
8	H^4	1	19	S^4	13
9	I^4	15	20	T^4	8
10	J^4	17	21	U^4	11
11	K^4	19			

与内部知识基深度类似，创新网络构成中的知识质量值是连续变量，因而需要确定三个临界值，具体见表4.7。

表4.7　创新网络构成中的知识质量集合运用“校准Calibrate”程序赋值标准

构念	阈值（Threshold）		
	完全不隶属（Full nonmembership）	交叉点（Crossover point）	完全隶属（Full membership）
知识质量	5.00	10.00	15.00

4.3.3.3　创新追赶绩效

对后发企业技术追赶绩效的测度绝大部分都是从后发企业自身的专利来测度（Wadhwa & Kotha，2006），这会存在两方面问题：一是光专利本身并不能完全刻画出企业的创新绩效（Cohen et al.，2000；Nelson et al.，2014）；二是光从后发企业专利申请数量来刻画创新追赶绩效，反映不出与国际领先企业的技术差距是否有在缩小，即使后发企业专利申请数逐年增加，也并不代表后发企业的创新追赶绩效很好，逐步缩小了与领先企业间的技术差距（McAfee，2006）。因此，本书采用文本分析的方式、通过逐级编码，从企业自身在行业中所处的技术水平以及与国际领先相比较的技术差距两方面来共同刻画后发企业的创新追赶绩效（ICP），具体集合赋值编码标准见表4.8。

表 4.8　　创新追赶绩效构念赋值标准

分值	赋值依据
1.00	国内行业中的领头羊，大批技术替代进口，与国际领先企业齐平甚至赶超，与国际顶尖水平差距很小
0.67	国内行业中的佼佼者，逐步有更多技术替代进口，与国际顶尖水平的差距逐步缩小
0.33	国内行业优秀水平，极少数技术与国际领先企业齐平，而且与国际顶尖水平还有很大的差距
0	国内行业一般水平，与国际领先水平还有很大的差距

4.3.4　数据收集与处理

4.3.4.1　数据收集和编码

本书专门成立了 5 人组成的数据收集和编码小组，收集多种来源的数据并且交叉验证（Eisenhardt，1989）。除作者本人以外，小组成员中有 3 人为战略和技术创新方向的博士生，对本书的研究议题和过程都有清晰的了解，另外 1 人为国家一军工所在职研究员，经过沟通后，对研究议题也有清晰的了解。小组除 1 人以外，其余 4 人全程参与数据收集和编码工作。

就数据来源而言，主要有：（1）访谈资料，2010～2014 年，研究团队成员陆续对 21 家企业进行了实地调研和访谈，与企业管理高层、技术高层及技术人员均进行过人均长达约 1～2 小时的访谈，及时将访谈录音资料整理成文本，并最终形成统一结构的案例分析报告。访谈录音和案例分析报告是本书进行 fsQCA 前期编码工作的重要数据来源；（2）企业技术中心申报资料，省级/国家级技术中心申报资料上明确阐述了企业所处的技术领域、技术水平、产学研/企业间合作情况等数据，也是本书进行 fsQCA 前期编码工作的重要数据来源；（3）企业网站，由于访谈时间和技术中心申请资料可能存在最近几年的信息缺失，因而数据收集和处理小组查看了企业网站中所有的信息进行辅助；（4）企业新闻，主要是通过百度搜索与企业相关的各类信息进行进一步的辅助；（5）文献资料，通过“中国知网”搜索与企业相关的资料进行辅助；（6）省中外专利平台数据库，主要是为了获取企业的发明专利和实用新型专利数量进行二次计算来刻画企业内部知识基。

数据收集和编码小组中的 4 人（分别标记为 a，b，c，d，其中 a 为研究者本人）分别对各自负责的案例企业进行独立编码（具体分配见表 4.9），保证每个案例都有 2 人或 2 人以上进行编码，进行交叉验证。

表 4.9　　数据收集和编码小组成员案例分配情况表

序号	企业代码	成员	序号	企业代码	成员
1	A^4	a，b	12	L^4	a，c
2	B^4	a，b	13	M^4	a，c
3	C^4	a，b	14	N^4	a，c，d
4	D^4	a，b	15	O^4	a，c，d
5	E^4	a，b	16	P^4	a，d
6	F^4	a，b	17	Q^4	a，d
7	G^4	a，b	18	R^4	a，d
8	H^4	a，c	19	S^4	a，d
9	I^4	a，c	20	T^4	a，d
10	J^4	a，c	21	U^4	a，d
11	K^4	a，b，c			

具体编码过程如下：（1）按照资料来源顺序将所有与构念信息相关的文字描述都放在 EXCEL 表格里（编码内容见表 4.10）；（2）进行初次资料收集整理工作的核对；（3）将每个构念从各数据来源中整理出来的初始文字的核心内容进行提炼；（4）再次进行提炼部分的交叉核对；（5）与构念赋值标准比对，确定具体的集合从属值。由于利用二手数据通过公式计算所得数据较为客观，不进行二轮校对。现以人本集团为例，对每个构念的具体赋值处理过程加以阐述，见表 4.11。

表 4.10　　数据编码初始条目

条目名称	具体说明
序号	阿拉伯数字
企业名称	全称
行业代码	参考“国民经济行业分类与代码”
成立时间	年份
企业规模	以“总资产”计
聚焦板块	主营业务
产业特征	传统产业/新兴产业，有/无新兴技术
资料来源	按照数据来源分类，网站需注明网址链接
重点项目名称	国家重点火炬计划为 1、国家 863 计划为 2、国家科技支撑计划为 3
重点项目数量	每一类项目对应的项目数量
重点项目内容	每一类项目对应的具体合作内容或者项目的名称
合作时间	年份起始时间
合作伙伴类型	高校为 1、研究机构为 2、供应商为 3、客户为 4、竞争对手为 5、其他为 6
合作伙伴名称	全称

续表

条目名称	具体说明
合作伙伴性质	国外组织统一为 1，国内高校为 211 和 985 者为 1，国内企业是国家级高新技术企业为 1，国内科研机构具体参照发表论文以及专利数量总和在对应行业内排名前 5 位为 1
地理分布	国内组织为 1，国外组织在国内的合资企业或独资企业为 2，国外组织为 3
合作方式	专家交流/专家顾问为 1、技术咨询为 2、技术转让为 3、技术攻关为 4、项目合作为 5、研发实验室/联合实验室为 6、技术输出为 7、其他为 8（须说明）
合作内容	项目名称或者合作简介等内容
对应高新技术领域	依据合作具体内容，参考《高新技术领域》标注三级技术领域内容
合作成果	所获得奖项，所获得的经济效益等内容
组织学习模式	对不同领域的、跨领域、前沿的、新兴的技术知识的学习为探索式学习，标记为 1；对已有的成熟知识的学习、互补技术配套等为利用式学习，标记为 2
创新追赶绩效	所有涉及企业地位、技术水平、与同行比较、与国际领先企业比较等文字说明先全部摘录
备注	一些无法分辨的情况或需要额外说明的情况
专利部分	根据“省中外专利平台”数据库将每个企业发明专利和实用新型专利数量按照“A ~ H”进行统计
产业特征（INDUS）	0.33
编码依据	主营业务为轴承领域，包含轴承设计、制造，简单的轴承设备制造。在不同的轴承应用领域在开发配套相应的产品形成单元模块，例如汽车轴承相配套的轴承皮带、摇臂总成、轮毂 + CVJ 单元集成；纺织机械领域

表 4.11　　A^4企业编码举例

变量	赋值
编码依据	假捻器总成、气流纺织纺机头总成；机床工具行业高速、精密主轴系列产品。基本属于传统高技术制造行业，但于近几年开始涉入战略性新兴产业轴承领域
知识基宽度	0.33
编码依据（一）	依据发明专利和实用新型专利的类别数量、比例等依据公式（4 - 4）计算得到数值 0.551453214
编码依据（二）	轴承属于单体产品，根据应用领域的不同需要与其他配件产品配套形成单独的技术单元
编码依据	相比于其他企业，在单体产品技术领域内，基于专利计算得到的数值相对较高，设计技术领域相对较广
知识基深度	1.330802333（后期依据 fsQCA2.5 软件的“Calibrate”程序运算得到具体的集合赋值）
编码依据（一）	依据发明专利和实用新型专利的类别数量、比例等依据公式（4 - 4）计算得到数值 0.330802333

续表

变量	赋值
编码依据（二）	国家重点火炬计划、国家 863 计划、国家科技支撑计划总项目数为 1。《**** 1 000 万套精密低噪音轿车发电机轴承项目》为国家重点火炬计划项目
编码依据	两者相加数值为 1. 330 802 333，由于内部知识基深度最终数值为连续值，因此根据设定的阈值（threshold）（见表 5. 7）通过 fsQCA2. 5 软件进行运算得到 raw table 中的内部知识基深度集合从属值
知识异质性	0. 33
编码依据	A^4 和合作伙伴的技术合作内容具体包括冶炼技术和工艺、工业设计、材料技术、摩擦学技术、轴承表面修复、棍子减震降噪、设备管理网络监控系统、轿车轮毂轴承精密锻造技术、CUPLM 系统等；对应技术领域包括新材料 - 金属材料 - 高性能金属材料及特殊合金材料生产技术、服务业 - 工业设计、传统产业 - 工业生产过程控制系统 - 基于 PC 的控制系统、传统产业 - 汽车行业相关技术 - 汽车关键零部件技术、传统产业 - 先进制造技术 - 先进制造系统及数控加工技术 5 项
知识质量	14（后期依据 fsQCA2. 5 软件的“校准（Calibrate）”程序运算得到具体的集合赋值）
编码依据	8 个国外组织，3 所高校（既是 985，又是 211），2 个优秀的研究机构，1 个优秀的跨国公司
创新追赶绩效	0. 67
数据整理 二次提炼	✓ 滚动轴承振动噪声、密封、润滑、轴承寿命等研究居于领先水平。目前，已经能够生产内径 1. 5mm 到 4000mm 范围内的轴承三万余种，其中低噪音静音轴承、长寿命轿车轴承、高速纺织机械专件轴承等多类核心产品均达到国际先进水平，其中家用电器静音轴承率先达到国际先进水平，并大批量替代国外产品，稳居行业第一，高性能轿车轴承打破国外技术垄断，位居行业首位。轴承动力学设计突破国内传统的单个零部件的、静力学的、局部性的设计观点，解决了保持架的异音问题、滚子轴承的凸度和力矩问题、高速轴承的温升和寿命问题等一系列技术难题，使轴承结构的分析方法和设计技术达到国际先进水平，引领国内全行业轴承设计方法的优化；自主开发并掌握了先进的精密锻造技术，达到 64% 以上的国际先进水准；精密低噪音轿车发电机轴承远远超过国内同类产品，达到甚至部分超过日本的 NSK、瑞典 SKF 同类产品，形成有效替代；最新的长寿命汽车变速箱用深沟球轴承开发替代了进口，实现了轴承从进口转向国产化。 ✓ 但是重大转杯配套轴承技术还未形成核心竞争力，大型滚子轴承减振降噪技术与国外先进技术水平差距巨大，目前还在学、赶、超国际先进水平的过程中。此外，滚子类轴承寿命的先进水平为 10 倍以上额定寿命，我们目前水平只有 5 ~7 倍额定寿命，还存在较大的差距，针对一些重载轴承、乏润滑场合、高速应用领域存在的巨大的差距，振动和噪音水平与国外先进水平也还存在着较大的差距；现有工艺技术的效率、能耗、精度、材料与国外先进水平还存在一定的差距，制约轴承技术领先
编码依据	国内行业中处于行业佼佼者，龙头地位，多项技术达到国际先进水平、替代进口，但重大装备以及轴承一些技术参数上与国外领先企业还存在一定的差距，但差距逐步在缩小

4.3.4.2　数据处理

数据处理过程主要运用查尔斯开发的 fsQCA 2.0 软件操作。先在软件中设置好相应的案例名称、条件变量名称和结果变量名称，然后将编码所得的数据全部导入或者复制粘贴进设置好的界面。开始构建真值表（truth table），真值表是基于布尔算法（Quine-McCluskey algorithm）运算得出后续结果路径和结果讨论的基础，非常重要。接下来逐步按照软件操作规范进行操作，具体过程如下。

（1）将连续值转换成为集合从属值，构建初始表格（raw table）。此处可以运用 fsQCA 2.0 自带的“计算（compute）”或者“校准 Calibrate”功能。本书基于先前对内部知识基深度和创新网络构成的知识异质性和知识质量三个连续值设定的阈值（threshold），采用常用的“Calibrate”运算功能将这三个构念值首先转换成对应的集合从属值，构建起初始表格。

（2）必要条件分析。为了确定所有的自变量均为引起结果变量变化的原因，即为条件变量，需要通过软件的“必要条件分析（Analysis of necessary condition）”运算来确定模型中的自变量均为结果变量的子集（consistency 值小于 0.9）。否则需要删除非必要条件的变量。

（3）直接进行“基于模糊集的真值表运算（Fuzzy Truth Table Algorithm）”分析运算。

（4）设定样本频次门槛值（即 Frequency）。设定频率是为了根据属于某个条件组合的案例数有多少，来确定这个条件组合是结果的原因模式，具体确定频率值为多少要看案例数目、对案例的熟悉程度、条目测量和编码误差以及对解释的详尽要求程度，但是一般案例数目比较少，对案例情况比较熟悉的前提下选取频率值 1 就够了，但是如果案例数目成百，对于案例不熟悉，那么由于衡量和编码的误差，要求将频率值设置为至少是 5 或者至少是 10（Ragin，2009；Verweij et al.，2013）。由于本书案例数量不多，且对每个案例都比较熟悉，因此，选取频率值为 1。

（5）设定一致性值（consistency）。一致性表示该条件组合在多大程度上是结果集合的子集，即表示该组合多大程度上能够解释结果（Ragin，2009），一般要求最低为 0.75，基于此，本书对高创新追赶绩效（PERF）运行结果中高于 0.75 的一致性值的组合结果设置为 1，低于一致性值的组合结果设置为 0。

（6）进行结果路径分析，通过“标准分析（Standard Analysis）”运算可得。所得结果为三类，一类是复杂路径结果（the complex solution），一类是中间结果（intermediate solution），一类是最简洁路径结果（parsimonious solution）。其中，既包含在复杂结果中又包含在最简洁的结果中的条件属于核心条件，包含在复杂结果中而不包含在最简洁结果中的条件则为次要条件（Fiss，2011）。当处理过程中选择所有的条件变量出现与否都与结果变量无必然相关的情况下，最复杂的结果与中间结果路径是完全一样的（Ragin，2009），因此，在统计分析结果中只汇报最复杂的结果和最简洁的结果，并给予这两个结果汇报不同路径的核心条件和外围条件。

最后根据得到的路径结果结合案例进行进一步的分析与讨论。

4.4 统计分析结果

本章节围绕后发企业构建有效创新网络这一核心问题，对 21 家样本企业进行 fsQCA 运算，在第三章的基础上，通过实证的方式来验证取得高创新追赶绩效的内部知识基和创新网络构成的架构类型，从而深入地阐述核心问题。先对创新追赶绩效进行必要条件检验，结果见表 4. 12。

表 4. 12　以创新追赶绩效为结果变量进行必要条件分析

必要条件分析（Analysis of Necessary Conditions）		
结果变量：创新追赶绩效（Outcome variable：perf）		
测试条件（Conditions tested）	一致性（Consistency）	覆盖度（Coverage）
知识基宽度	0. 599 315	0. 583 333
非知识基宽度	0. 541 952	0. 703 333
知识基深度	0. 588 185	0. 751 641
非知识基深度	0. 548 801	0. 540 472
知识异质性	0. 741 438	0. 702 352
非知识异质性	0. 541 096	0. 728 950
知识质量	0. 880 993	0. 708 190
非知识质量	0. 230 308	0. 415 765

由于所有被检验条件的一致性值（consistency）均小于 0. 9，说明内部知识基宽度、内部知识基深度、创新网络构成的知识异质性以及知识质量均为获取高创新追赶绩效的条件变量，不予以删除。进而构建真值表进行布尔最小化（“Quine-McCluskey algorithm”）运算得出最后的结果。本书依据对取得高创新追赶绩效的复杂路径和简洁路径分析，确定了取得高创新追赶绩效的不同架构类型中的核心条件和外围条件，具体见表 4. 13。

表 4.13　　取得高创新追赶绩效的架构类型

<table>
<tr><td colspan="3" rowspan="2">变量</td><td colspan="3">路径</td></tr>
<tr><td>1</td><td>2</td><td>3</td></tr>
<tr><td rowspan="4">架构条件</td><td rowspan="2">内部知识基</td><td>知识基宽度</td><td>●</td><td></td><td>◎</td></tr>
<tr><td>知识基深度</td><td></td><td>◎</td><td></td></tr>
<tr><td rowspan="2">创新网络构成</td><td>知识异质性</td><td>●</td><td>●</td><td>◎</td></tr>
<tr><td>知识质量</td><td>⬤</td><td>⬤</td><td>⬤</td></tr>
<tr><td colspan="3">一致性（Consistency）</td><td>0.757 538</td><td>0.854 470</td><td>0.886 562</td></tr>
<tr><td colspan="3">原始覆盖度（Raw coverage）</td><td>0.516 267</td><td>0.351 884</td><td>0.434 931</td></tr>
<tr><td colspan="3">唯一覆盖度（Unique coverage）</td><td>0.208 904</td><td>0.029 110</td><td>0.173 801</td></tr>
<tr><td colspan="3">总体一致性（Overall solution consistency）</td><td colspan="3">0.805 317</td></tr>
<tr><td colspan="3">总体覆盖度（Overall solution coverage）</td><td colspan="3">0.803 938</td></tr>
</table>

注：实心大圆点和空心大圆点表示核心条件，实心小圆点和空心小圆点表示外围条件，实心表示条件的正面，空心表示条件的对立面，即“非”。

4.5 发现与讨论

本书采用费斯（Fiss，2011）等对结果的表现方式，用“●”来表示条件的出现（presence of the condition），用“◎”表示条件的缺少（absence of the condition），大圆表示核心条件，小圆表示外围条件，空白处表示该条件出现与否对结果并不产生影响，相同的核心条件表示一组解决方案。通过对每一个架构类型下具体案例的分析得出相应架构类型作用于创新追赶绩效的组织学习机制。

4.5.1 高创新追赶绩效下内部知识基与创新网络构成的架构类型

对 21 家样本企业的 fsQCA 运算得到的结果显示，总体解决方案一致性值为 0.805 317（⩾0.80），表示对于取得高创新追赶绩效的 3 条路径可接受。结论显示，在 3 条路径下，对于取得高创新追赶绩效的有 5 通过种不同的架构类型，即有不同的路径能够同样地取得好的创新追赶绩效，同时删除了在每一类路径中无关的条件变量，一方面印证了架构视角下重要的“殊途同归性”，另一方面印证了 fsQCA 方法解决架构问题的适用性。综合表 4.12 和表 4.13 可知，在 3 条能够取得高创新追赶绩效的路径中，创新网络构成中的知识质量是最核心的变量，即想要取得好的创新追赶绩效，务必要保证与好的合作伙伴一起，获取丰富性程度较高的网络资源，既能弥补自身的不足，也能与自身知识重组产生更有价值的知识。

路径1（见图4.1）显示，在创新网络构成高知识质量作为核心变量的前提下，高知识基宽度和高创新网络构成异质性的情况下，同样可以取得高创新追赶绩效。在这一情况下，企业聚焦于拓展自身知识基，使得其知识基宽度能够覆盖整个复杂产品中更广泛的技术领域，在创新网络构成上，重点需要与优秀的合作伙伴进行技术合作，获取高质量的知识，同时保证合作伙伴在知识上的差异性来保证知识的高异质性。具体而言，当企业自身知识基宽度较高的情况下，需要频繁地扫描环境来获取新的前沿的技术信息，对网络资源的范围的需求更广泛，因而需要企业构建异质性程度更高的创新网络，而高质量的创新网络更能保证焦点企业能够接触到的网络资源的丰富性，更好地创造价值。

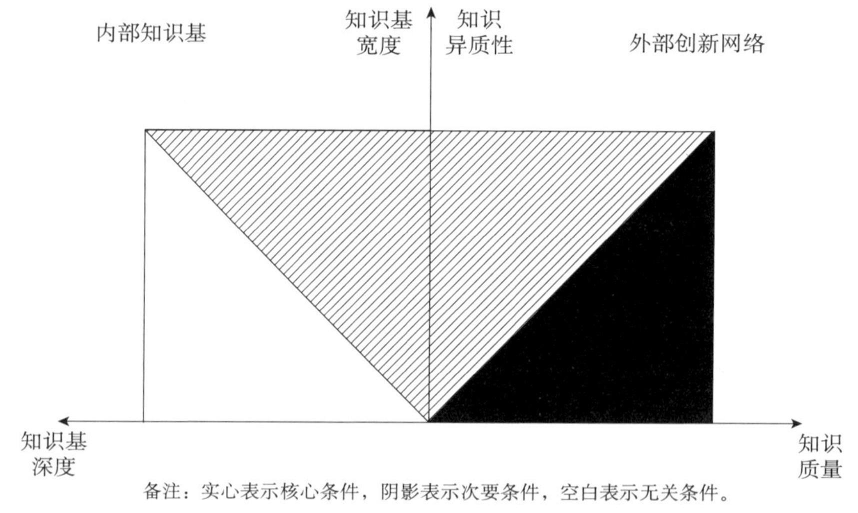

备注：实心表示核心条件，阴影表示次要条件，空白表示无关条件。

图4.1　内部知识基和创新网络构成的路径1

路径2（见图4.2）显示，在创新网络构成高知识质量作为核心变量的前提下，低知识基深度和高创新网络构成异质性的情况下，同样可以取得高创新追赶绩效。在这一情况下，无论企业自身知识基宽度配置如何，当企业自身知识基深度较低时，在创新网络的配置上，同样重点需要与优秀的合作伙伴进行技术合作，获取高质量的知识，同时保证合作伙伴在知识上的差异性来保证知识的高异质性。具体而言，当企业自身知识基深度较低，即技术积累水平较差的情况下，企业重点需要与高质量的合作伙伴进行技术合作来保证接触到的网络资源的丰富性，带来更好的价值，同时要保证合作伙伴的异质性来接触到更多样化的知识。

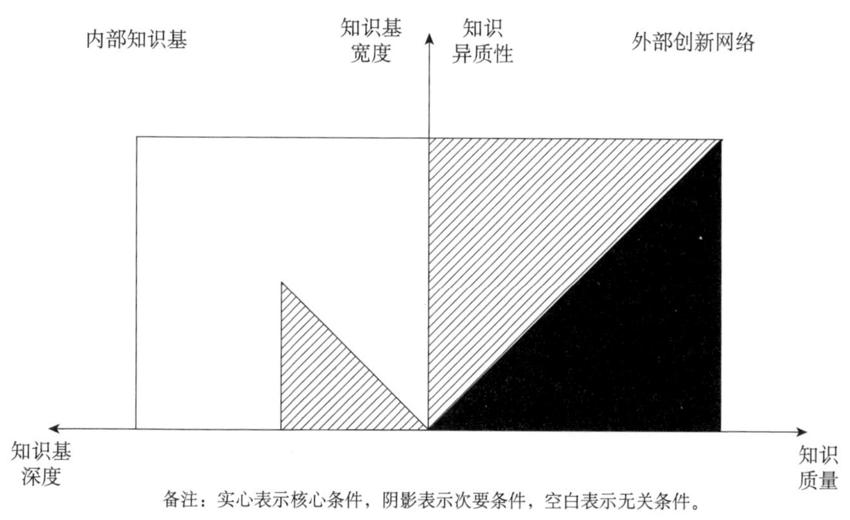

备注：实心表示核心条件，阴影表示次要条件，空白表示无关条件。

图 4.2　内部知识基和创新网络构成的路径 2

路径 3（见图 4.3）显示，在创新网络构成高知识质量作为核心变量的前提下，低知识基宽度和低创新网络构成异质性的情况下，可以取得高创新追赶绩效。在这一情况下，企业聚焦于复杂产品内部特定部件等少量技术领域，在创新网络的配置上，重点需要与优秀的合作伙伴进行技术合作，获取高质量的知识，但是需要选择聚焦于特定技术领域的合作伙伴。具体而言，在企业自身知识基宽度较低的情况下，知识异质性程度过高的网络会大大增加企业管理多样性合作伙伴的成本，知识耦合的冗余会不断增加，从而消耗焦点企业所能从网络中获取的收益，因此，需要企业构建异质性程度相对较低的创新网络，而高质量的创新网络更能保证焦点企业能够接触到的网络资源的丰富性，从而更好地创造价值。

结合路径 1 和路径 2 可知，当焦点企业内部知识基宽度较宽、内部知识基深度较低时，在配置创新网络上，最好选择知识异质性和知识质量均较高的创新网络（架构类型Ⅰ）；而当焦点企业内部知识基宽度和知识基深度都较高时，在配置创新网络上，同样需要选择知识异质性和知识质量均较高的创新网络（架构类型Ⅱ）。而通过路径 2 和路径 3 可知，当焦点企业内部知识基较窄、内部知识基深度较低时，既可以选择外部知识异质性和知识质量较高的创新网络（架构类型Ⅲ），也可以选择外部知识异质性低而知识质量较高的创新网络（架构类型Ⅳ）；而当焦点企业内部知识基较窄、知识基深度却较高的情况下时，在配置创新网络上，最好选择聚焦于特定知识领域的合作伙伴，避免知识过度多样化带来的整合

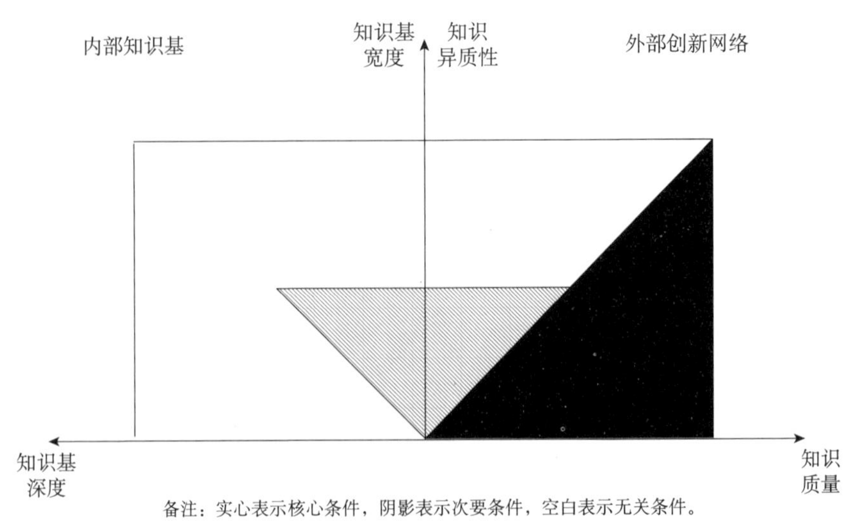

图 4.3　内部知识基和创新网络构成的路径 3

困难，同时也要保证创新网络合作伙伴的高知识质量（架构类型Ⅴ）。对于不同类型的企业，具体的创新网络构建行为见表 4.14。

表 4.14　　不同类型企业的有效创新网络构建行为

企业	内部知识基特征		有效的创新网络构建行为
类型Ⅰ	知识基宽度	多要素部件组成的多技术领域	重点是选择与技术水平相对较高的合作伙伴进行技术合作，同时保证合作伙伴的知识多样化程度比较高
	知识基深度	还未取得较高的技术复杂性	
类型Ⅱ	知识基宽度	多要素部件组成的多技术领域	重点是选择与技术水平相对较高的合作伙伴进行技术合作，同时保证合作伙伴的知识多样化程度比较高
	知识基深度	已经积累了较高的技术复杂性	
类型Ⅲ	知识基宽度	单要素部件组成的少量技术领域	重点是选择与技术水平相对较高的合作伙伴进行技术合作，同时保证合作伙伴的知识多样化程度比较高
	知识基深度	还未取得较高的技术复杂性	
类型Ⅳ	知识基宽度	单要素部件组成的少量技术领域	重点是选择与技术水平相对较高的合作伙伴进行技术合作，同时保证合作伙伴的知识相对聚焦
	知识基深度	还未取得较高的技术复杂性	
类型Ⅴ	知识基宽度	单要素部件组成的少量技术领域	重点是选择与技术水平相对较高的合作伙伴进行技术合作，同时保证合作伙伴的知识相对聚焦
	知识基深度	已经积累了较高的技术复杂性	

以往基于内容流派的研究主要关注焦点企业从异质性创新网络中获益这一核心问题，结论并不一致，有的显示正向关系（Wuyts, Dutta & Stremersch, 2004），有的显示倒 U 型关系（Duysters & Lokshin, 2011），有的则显示正 U 型关系

（Wuyts & Dutta，2014）。联合资源观和交易成本视角的研究大致表明，企业在构建创新网络获取创新资源的过程中，保持适度的异质性程度能够取得更好的绩效，一方面能够获取多样性的资源与企业内部知识资源重组产生更多的知识组合类型，作用于创新绩效，另一方面能够避免过度的多样化带来的整合成本的上升的负面影响。此外，关于内外部知识关系的研究认为，企业多样化知识的提升或者内部知识存量的增加，能够更好地与外部多样化的知识重组，更好地吸收和利用外部知识，从而获利。这些结论说明，企业一方面要增加内部知识的多样化水平，提升内部知识存量，另一方面要构建适度异质性的创新网络。然而，这忽略了两个问题：一是企业内部知识基（知识基宽度和知识基深度）的配置需要投入不同类型的资源、通过不同方式对组织产生影响，因而管理者需要在本地搜索和超本地搜索间做出一定的权衡（Moorthy & Polley，2010），使得搜索过程变得更加有效；二是企业对于外部节点（群）的配置仅局限于异质性一方面，且结论不一致，这样就仍然无法揭示焦点企业内在特质与外部创新网络之间匹配的有效性。

本书为了弥补以往传统线性研究关于企业构建有效创新网络这一核心问题的不足，从架构的视角，通过内部知识基深度/宽度和知识异质性/质量来联合刻画内部知识基和外部创新网络，探索了内外部知识间匹配的有效关系。与传统线性研究得出的唯一路径不同，本书得出高技术制造业企业在技术追赶的过程中有 3 种布局内部知识基和创新网络的路径可以同样的取得高创新追赶绩效，并且企业在权衡内部知识基宽度和深度的战略决策上，存在 5 种不同的选择能够取得好的创新追赶绩效。知识基宽度较高（路径 1）和较低（路径 3）都对企业创新绩效追赶存在正向影响，同样的，知识基深度较低（路径 2、路径 3）和较高（路径 1、路径 2、路径 3）的情况下也能产生较高的创新追赶绩效（Moorthy & Polley，2010）。但与以往研究得出的结论不同的是，内部知识基的正向影响均离不开外部创新网络的交互作用（路径 1、路径 2、路径 3），且从创新网络构建的情况来看，异质性程度相对较高能取得更好的绩效（路径 1、路径 2、路径 3），并且除异质性之外，创新网络节点成员的质量在对企业创新追赶绩效的作用上起着更重要的作用（路径 1、路径 2、路径 3 所示核心条件）。

4.5.2　不同架构类型下的组织学习机制

通过 fsQCA 运算揭示的不同架构类型下对应的从属案例来具体分析具体的组

织学习机制，在取得高创新追赶绩效的样本企业中对应不同内部知识基特征的焦点企业见表 4.15。

表 4.15　　取得高创新追赶绩效下不同内部知识基特征对应的焦点企业

内部知识基特征		对应焦点企业
知识基宽度	高	N^4、L^4、K^4
知识基深度	高	
知识基宽度	高	R^4
知识基深度	低	
知识基宽度	低	D^4、P^4
知识基深度	高	
知识基宽度	低	J^4、S^4
知识基深度	低	

注：对应的焦点企业为从属于该架构类型高于从属值 0.5 的企业。

在企业内部知识基宽度和深度都较高的情况下，通过分析 N^4、L^4、K^4 企业对所嵌入的创新网络的具体合作内容和合作方式可知，焦点企业主要通过探索式学习结合利用式学习的方式从创新网络中获益。具体而言，K^4 企业通过与上海同济大学、洛阳轴承研究所等众多组织建立联合实验室，与美国的林克（LINK）、迪凡斯（Defiance）等企业互相开放实验室等方式对基础研究、前沿的技术等进行交流合作，从而进行探索式学习；与众多下游配套客户进行产品开发过程中的技术项目攻关等方式进行利用式学习。N^4 企业则与华中科技大学、武汉大学等一系列产学研机构进行长期的基础前沿技术的研发，从而进行探索式学习；与德州仪器等企业建立联合实验室，与北京时代恒业科技有限公司、西子联合控股有限公司等一系列相关机构进行产品开发上的技术合作，从而进行利用式学习。L^4 企业同样与浙江大学、复旦大学等产学研机构进行长期的技术合作开发前沿技术，进行探索式学习；与德州仪器、美国阿尔特拉（Altera）公司等建立联合实验室进行以大华为主导的配套技术开发，又与祖徽、舜宇光学、华为等机构进行新产品开发上的技术合作，进行利用式学习。综上，当企业内部知识基宽度和深度都很高的架构类型下，企业主要通过探索式学习结合利用式学习的方式从所嵌入的创新网络中获益。

当企业内部知识基宽度很高、深度较低时，通过分析 R^4 企业所嵌入的创新网络的具体合作方式和合作内容可知，企业主要通过利用式学习从创新网络中获益。具体而言，R^4 企业与国内外的众多产学研机构、上下游供应商都有具体的合作，但是具体的合作内容主要是围绕新产品开发，例如，与美国 ITT 公司进行热水循环泵的开发、与英国克莱德联合泵业公司（位居世界前十名的泵业公司）进行电力电站用泵的开发、与台州新科环保研究所开发过滤泵系列产品、与浙江大学合作开发不锈钢深井潜水电泵系列产品等。综上，在企业内部知识基宽度较宽、深度较低的架构类型下，企业主要通过利用式学习的方式从所嵌入的创新网络中获益。

当企业内部知识基宽度较窄、深度较深时，通过分析 D^4 和 P^4 企业所嵌入的创新网络的具体合作方式和合作内容可知，焦点企业主要通过探索式学习结合利用式学习的方式从创新网络中获益。具体而言，D^4 企业配合清华大学、中核能源公司一起主动承担我国第四代具有自主知识产权的核电站配套冷水机组的研制任务、与浙江大学等联合研制二氧化碳（CO_2）系统的引射器等全新的前沿的技术，从而进行探索式学习；与美国开利上海研究院合作研发热力膨胀阀、电磁四通换向阀换向过程数学模型、低品位能源高效应用和新型换热器等项目，与山西炬能公司合作开发利用城市原生污水源来提供空调和生活冷热水的节能系统等新产品技术开发等方式进行利用式学习。P^4 企业则主要与浙江大学、上海交大、北京大学等产学研机构共建联合实验室的方式对车辆散热、热传质等前沿的基础技术进行探索的方式进行探索性学习，与卡特彼勒公司进行工程机械冷却模块技术和产品开发、与玉柴等客户公司进行机油冷却器和滤清器进行集成设计等技术合作进行利用式学习。综上，当企业内部知识基宽度较窄，但是深度较深的架构类型下，焦点企业主要通过探索式学习结合利用式学习的方式从所嵌入的创新网络中获益。

当企业内部知识基宽度和深度都较低的情况下，通过分析 J^4 和 S^4 企业所嵌入的创新网络的具体合作方式和合作内容可知，企业主要通过利用式学习从创新网络中获益。具体而言，J^4 企业与保加利亚科学院进行“四碱式硫酸铅（简称 4BS）作为铅膏配方添加剂的研究”的合作，与中国科学院进行混合电动汽车电池和高能超级电池方面的合作；美国邱健蓄电池（Trojan）、爱默生、日本电信电话株式会社（NTT）等为了拓展产品的市场应用范围进行深入的技术合作，从而进行利用式学习。S^4 企业与浙江大学共建科研生产联合体，进行自动化软件等方面的合作研发；与柯尼卡美能达光学仪器（上海）有限公司进行手机镜头技术开发和生产，高通专门开发图像处理器的软件等方式进行利用式学习。综上，在企业内部知识基宽度和深度都较低的架构类型下，企业主要通过利用式学习的方式从所嵌入的创新网络中获益。

4.6　本章小结

通过对21家样本企业的fsQCA实证分析，可以得出，后发企业有3种配置内部知识基和外部创新网络的路径，5种对应的架构类型可以同样的取得好的创新追赶绩效，分别为：路径1，高知识基宽度、高创新网络构成的知识异质性和知识质量；路径2，低知识基深度、高创新网络构成的知识异质性和知识质量；路径3，低知识基宽度、创新网络构成中的低知识异质性和高知识质量。通过对比不同的架构类型可以总结得到：（1）对于内部知识基深度和宽度都较高的企业而言，最好配置高知识异质性和高知识质量的创新网络；（2）对于内部知识基宽度较高、深度较低的企业而言，同样需要配置高知识异质性和高知识质量的创新网络；（3）对于内部知识基宽度较低、深度较高的企业而言，最好配置低知识异质性和高知识质量的网络；（4）对于内部知识基宽度和深度都较低的企业而言，既可以配置知识异质性和知识质量都很高的创新网络，同样也可以配置低知识异质性和高知识质量的网络。

进一步分析每一种类型企业从创新网络中获益的组织学习方式，可以得出：（1）对于内部知识基深度和宽度都较高的企业而言，主要通过结合探索式学习和利用式学习的方式从创新网络中获益；（2）对于内部知识基宽度较高、深度较低的企业而言，主要通过利用式学习从创新网络中获益；（3）对于内部知识基宽度较低、深度较高的企业而言，主要通过结合探索式学习和利用式学习的方式从创新网络中获益；（4）对于内部知识基宽度和深度都较低的企业而言，主要通过利用式学习从创新网络中获益。

基于以上分析，子研究一得出的命题1得到部分支持，命题2~命题8得到支持。

第 5 章　战略导向和产业特征对架构类型的调节作用：基于 fsQCA 的实证方法

围绕“后发企业选择节点（群）即合作伙伴构建有效创新网络”这一核心问题，子研究一通过案例研究的方式探索出了在内部知识基宽度和知识基深度上拥有不同特征的焦点企业需要配置在知识异质性和知识质量上呈现不同特征的创新网络，形成不同的架构类型，并进一步探索了不同的架构类型下对于创新追赶绩效的组织学习中介机制。子研究二在子研究一的基础上通过对 21 家样本企业的 fsQCA 实证研究验证了子研究一提出的假设，结论同样显示后发企业选择不同的路径可以同样的取得好的创新追赶绩效。

基于资源观、交易成本视角、高阶管理理论的研究显示，企业从内部知识基和创新网络中获益的具体机制以及强度会受到内外部要素的影响。在案例分析过程中，本书发现不同的企业在技术导向和市场导向的战略导向配置上存在一定的差异性，在特定的创新网络下，从网络中获取收益的侧重点存在差异性；此外，不同的产业特征，即在传统产业和新兴产业下，企业从内部知识基和创新网络构成中获益的机制及强度也存在差别。因此，在控制样本其他变异的情况下，不能排除企业自身的战略导向特征以及所处的产业特征所带来对内部知识基和创新网络构成组合模式和创新追赶绩效间关系的影响。该子研究主要基于权变视角，结合内部要素（战略导向）和外部要素（产业特征）来探讨其对架构类型的具体调节效应。

5.1　问题提出

基于资源基础观和交易成本视角的研究指出，内部知识基深度更多的是本地搜索，内部知识基宽度更多的是跨本地搜索，因而本地搜索更多的是试验改进、选择和重复利用，跨本地搜索更多的是探索、冒险和产生新知识。利用指的是通过本地搜索、试验改进、选择和重复使用现有惯例获得的学习（Dosi & Grazzi，2006）。知识基宽度的提高和深度的提高需要利用不同类型的企业资源，因而企业在拓宽知识基宽度和加深知识基深度上做出一定的权衡。此外，企业通过内部知识资源获益也受到其他因素的影响，需要采用权变的视角来考察企业内部知识基的具体影响。

在对创新网络构成的研究中，目前学者主要聚焦于节点的多样性维度（Lin，2012；Love et al.，2013；Phelps，2010；Raesfeld et al.，2012；Yang et al.，2014）。目前的大部分研究显示，节点多样性程度对焦点企业的绩效影响结论不一致，因此，有学者提出，并不是所有的企业都能够同样地从节点多样性中获益（Schilke & Goerzen，2010），同样有必要采用权变的视角。为了能够更好地阐述焦点企业从节点多样性中获益到机制，本书主要从焦点企业自身的特征、网络特征以及环境特征等作为调节变量，分析其对企业从网络中获益这一主效应的影响：（1）网络特征主要关注网络中心度、网络密度（Soh，Mahmood & Mitchell，2004）等企业所嵌入网络的结构/关系特征带来的调节作用；（2）环境特征主要关注环境不确定性、环境动荡性（Fang，2011）等特征带来的调节效应；（3）焦点企业自身特征主要关注组织学习能力，认为焦点企业的吸收能力、联盟经验、战略特征等对企业从异质性创新网络中获利存在调节作用（Boso，Story，Cadogan & Adjei，2013；Petruzzelli，2011；Raesfeld et al.，2012；梁靓，2014）。基于吸收能力的文献指出，能够建立撬动外部知识的内部能力能够更好地从多样化的联盟组合中获利（Wuyts & Dutta，2014）。此外，还有研究关注内外部知识间的关系及其对组织绩效的影响（Cassiman & Veugelers，2006；Sampson，2007），这些研究主要聚焦于内部知识存量（Hagedoorn & Wang，2012；Schultz et al.，2013）或者多样化知识（Wuyts & Dutta，2014）等单一维度上。

以往研究指出，企业自身战略导向和外部环境特征会影响焦点企业从多样化创新网络中获益的大小，在企业内部的影响要素中，基于组织学习的研究认为，企业自身的知识存量、吸收能力等会影响焦点企业从多样性创新网络中获取的收益（Petruzzelli，2011；Raesfeld et al.，2012；梁靓，2014），基于战略选择视角的研究则认为，企业的战略导向会影响企业构建网络过程中的注意力以及资源的分配状况（Li，2005），进而影响企业从所搭建的创新网络中获取的收益。在网络化情境下，企业的竞争优势更多地来自内外部资源的协同（Lavie，2006）。然而，基于架构视角，企业内外部不同的权变因素如何作用于不同架构类型与创新追赶绩效间的关系仍然有待进一步深入研究。为了进一步阐述“后发企业如何选择节点（群）即合作伙伴构建有效的创新网络”这一核心问题，本书接下来将从企业内部要素（战略导向）和环境要素（产业特征）两方面来探索其对企业架构类型和创新追赶绩效的调节效应，从而具体回答以下问题：（1）对于不同的企业所配置的外部节点群，企业战略导向如何影响这些企业从创新网络中获取的收益？（2）处于不同环境中的企业，又如何影响其从创新网络中获取的收益，从而能够针对不同的外部环境调整企业内外部资源的配置，获取更好的网络收益？

5.2　理论基础与假设提出

企业内部知识基和创新网络构成分别对创新追赶绩效起到不同的作用。就企业内部知识基而言，知识基是企业搜索的结果，新知识往往是现有知识和过去知识的重组和交互（Dosi & Grazzi，2006）。知识基深度更多的是本地搜索的结果，意味着分析的深度，知识基宽度更多的是跨本地搜索的结果，是跨技术领域搜索和学习的程度（Moorthy & Polley，2010）。本地搜索、深度学习对于积累技术知识、帮助理解新知识起着重要的作用，然而，持续性地本地搜索往往具有路径依赖特征，会导致锁定而产生负面影响，因此，虽然本地搜索能够对创新追赶绩效呈正向作用，但是效应逐渐递减，甚至可能产生负面效应（Moorthy & Polley，2010）。此外，由于产品的复杂性，知识和产品开发往往需要多学科领域的技术知识，虽然企业可以通过在企业内部培养特定技术领域的核心能力、通过外包或者战略联盟的方式获取相关技术知识，但仍需要对这些知识有一定的了解，以便更好地与内部核心技术知识交互与重组，因此，一定程度的知识基宽度有助于提升企业与内部已有知识重组的可能性，更好地产生新知识促进创新。然而，随着信息多样化程度增加，处理信息的成本及不经济性凸显，反而会超过宽度增加带来的收益，因此，一定的知识基宽度会显著提升创新追赶绩效，但同样会存在效应递减的问题。知识基深度的提升有助于促进对新知识的理解，促进知识基宽度对创新追赶绩效的影响，知识基宽度的提升也有助于企业在已有知识基深度上获取的收益，促进知识基深度对创新追赶绩效的影响，两者交互共同对创新追赶绩效产生影响。

以往以既定的创新网络为研究背景，基于内容流派的研究主要聚焦于节点多样性这一属性特征上，本书进一步考虑节点质量对创新追赶绩效的影响，具体而言，知识异质性是指企业所能接触到的合作伙伴间知识类别的多样性，知识质量是指企业所能接触到的合作者知识水平的高低（Dyer & Hatch，2006）。以往研究显示，多样化节点对于焦点企业的绩效影响并不一致，即并不是所有企业都能够同样地从多样性节点中获益（Schilke & Goerzen，2010）。基于资源观的研究认为，节点多样性能够为企业带来诸多好处，一是能够刺激形成更广泛的视角和创造性思维，从而有助于创新（Fleming，2001；Goerzen & Beamish，2005；Hargadon & Sutton，1997）；二是能够接触到多元的技术领域、能够增加与过去接触到的知识相联系的新外部信息的可能性，从而促进新知识吸收和消化（Cohen & Levinthal，1990）；三是多样性能够帮助企业处理更优秀产品的稀缺性和不确定性（Bowman & Hurry，1993），通过进入多样化的技术领域，随着不确定性的降低，做出更明智的决策（Gavetti & Levinthal，2000）。基于交易成本视角的研究则认为，在极度复杂的情况下，由于有限理性会极大地限制企业得出最优方案，管理成本会超越预期收益从而对企业创新绩效带来负面影响：一是会面临信息过载和经济不规模性（Ahuja & Lampert，2001）；二是当多样性过高的时候知识重组会变得尤其困难（Fleming & Sorenson，2001）；三是自身管理结构不宽泛，多样性的增加会使得建立强连带、转移隐性知识、资源移动和协调等困难都会上升（Goerzen & Beamish，2005；Koka & Prescott，2008）。因此，企业从多样性节点中获取的收益逐步上升，到一定程度后，会呈现边际递减效应。就知识质量而言，随着知识质量的逐步提升，焦点企业可用的来自网络的资源的固有价值更高（Gulati et al.，2011），与内部资源重组的可能性以及所能带来的价值也更高，更有利于促进创新。同时，随着知识质量的提升，企业从特定多样性节点中获取的收益也会增加，交互影响创新追赶绩效。

以往研究指出，企业自身战略导向和外部环境特征会影响焦点企业从多样化创新网络中获益的大小，本书进一步探讨后发企业战略导向（技术导向/市场导向）以及产业特征对内部知识基和外部创新网络构成所形成的架构类型与创新追赶绩效间关系的调节作用。基于架构视角来探讨在企业不同战略特征和外部环境特征下对多维度形成的架构类型的调节影响，能够更深入地剖析后发企业的内部知识基础、外部创新网络架构与创新追赶之间的深层次内在联系的影响，进一步从理论上回答“企业内部要素和环境要素如何影响企业内部知识基与外部节点（群）多样化和质量间的权衡配置与创新追赶绩效间关系”这一核心问题。具体如下。

5.2.1 战略导向对架构类型的调节作用

学者们逐步意识到企业自身的战略因素对于网络环境下企业创新和成长的重要影响，例如，基于组织二元性的研究提出，企业在构建的网络中关系和资源分配上的战略平衡有助于企业获取更好的绩效（Lavie & Rosenkopf，2006）；对联盟网络设计的研究指出，当企业所处联盟网络位置与环境特征和自身战略向匹配时，能够更好地获取竞争优势（Koka & Prescott，2008）；对制药企业的研究得出，企业的技术/市场导向会对焦点企业配置不同类型的研发合作伙伴起不同的作用（张妍，2014）。战略导向决定了企业对于如何获取竞争优势的不同理解，从而与内部知识基以及创新网络相互作用，影响焦点企业从网络中获取的收益。

本书主要聚焦于战略导向的技术导向和市场导向维度，技术导向是指企业倾向于引进/使用新技术来创造新产品进行创新的一种战略制定方向（Gatignon & Xuereb，1997；Hult，Hurley & Knight，2004），市场导向是指企业聚焦于寻找和使用市场信息来优先创造和传递用户价值的战略方向（Boso et al.，2013；Scott-Kennel & Giroud，2015；Urde & Baumgarth Merrilees，2013）。

首先，企业战略导向会对内部知识基和创新追赶绩效间的关系起到调节作用。企业技术导向更高，在本地搜索和跨本地搜索和学习的过程中，会更关注于获取技术相关信息进行产品创新，绩效更好，同时由于重视新技术的引入等，会刺激企业的固有思维，在更广泛的视角中考虑创新行为，在一定程度上会缓解持续本地搜索带来的路径依赖而导致的锁定效应以及信息过载形成的成本，使得企业能够更好地从内部知识基上获益，降低内部知识基过深和过宽可能导致的负面效应；而对于市场导向更高的企业，在本地搜索和跨本地搜索进行学习的过程中，企业更关注于获取满足用户需求的信息和资源，使得企业所生产的产品更具市场价值，更注重于推出符合市场需求的新产品，从而在一定程度上减缓企业内部知识基配置过深和过宽的经济不规模性。

其次，企业战略导向同样会对创新网络构成和创新追赶绩效间的关系起到调节作用。就技术导向而言，在通过获取外部技术知识提升创新绩效的过程中，技术导向更高的企业更加注重基础技术知识的开发与应用，能够更好地预测技术发展趋势、跟踪前沿新技术的动态等，及时对环境变化做出反应，从而更好地从创新网络中获益，增加焦点企业在同异质性和质量的创新网络中获取的收益；对于市场导向而言，企业在通过获取外部技术知识提升创新绩效的过程中，市场导向更高会更加关注于获取与产品市场化以及客户需求相契合的技术知识，一方面，外部知识能够更好地与内部知识相耦合，另一方面，能够更好地契合市场需求，从而使得焦点企业能够更好地从创新网络中获益，加强焦点企业在同异质性和质量的创新网络中获取的收益。

基于以上分析，由于内部知识基不同维度与创新追赶绩效之间的提升效应逐步递减，创新网络构成不同维度与创新追赶绩效间的关系又不一致。战略导向即技术导向和市场导向均对内部知识基和创新网络构成与创新追赶绩效间的关系存在正向调节作用。由于内部知识基与创新网络构成形成了架构类型作用于创新追赶绩效，因此，技术导向和市场导向会调节不同架构类型与创新追赶绩效间的关系；同时，不同架构类型的要素特征不同，在不同的架构类型下，技术导向和市场导向的调节效应存在差异性，基于此，本书提出如下假设。

假设 1：后发企业自身的战略导向会调节焦点企业配置内部知识基和创新网络构成形成的不同架构类型从特定的创新网络中获取的收益。

5.2.2 产业特征对架构类型的调节作用

产业特征是企业所面临的外部环境中重要的一部分，本书主要关注后发企业是处于技术变化更加迅速、与国家技术差距相对较小的新兴产业，还是处于技术变化相对缓慢、与国家技术差距相对较大的传统产业来刻画产业特征。权变的视角指出，企业战略与自身所处的环境相匹配，才能获取好的竞争优势。众多关于企业网络的研究也指出，企业所处的外部环境特征，例如，技术动荡性、环境动荡性、技术差距等会影响企业从内部知识基以及所嵌入的网络中获取的收益（Roy & Oliver，2009；冯军政，2012；萧延高、张合成、刘玮，2013）。

首先，产业特征对内部知识基与创新追赶绩效间的关系起到调节作用。在不同的产业特征下，市场需求、顾客需求、竞争者战略、新技术趋势等不可预期（Li，2005）。在更加可预期的环境下，企业内部在进行本地搜索和跨本地搜索进行学习的过程中，效率更高、成本更低，使得内部知识基对创新追赶绩效影响的边际递减效果减弱地更慢。

其次，产业特征对创新网络构成与创新追赶绩效关系也存在调节作用。在更加可预期的环境下，企业在特定的创新网络构成下，能够更好地攫取与内部知识基相匹配的所需知识，提升内外部知识重组的耦合性和创新的可能性，提升创新追赶绩效。

基于以上分析，由于内部知识基不同维度与创新追赶绩效之间的提升效应逐步递减，创新网络构成不同维度与创新追赶绩效间的关系又不一致。产业特征会对特定内部知识基和创新网络构成与创新追赶绩效的关系产生影响。由于内部知识基与创新网络构成形成了架构类型作用于创新追赶绩效，因此，产业特征会调节不同架构类型与创新追赶绩效间的关系；同时，不同架构类型的要素特征不同，在不同的架构类型下，产业特征的调节效应存在差异性，基于此，提出如下假设。

假设 2：后发企业所处的产业特征会调节焦点企业配置内部知识基和创新网络构成形成的不同架构类型从特定的创新网络中获取的收益。

5.3　研究方法

5.3.1　方法选择

围绕“后发企业在技术追赶过程中如何通过配置合适的合作伙伴构建有效的创新网络”这一核心问题，本章节主要采用权变的视角来探索企业内部要素（战略导向）和环境要素（产业特征）对架构类型到创新追赶绩效这一主效应的调节作用，一方面架构类型呈现多维度的特征，另一方面从子研究二可见，存在不同的架构类型能够同样取得好的追赶绩效，即殊途同归性的问题。因此，本书将同样采用 fsQCA 的方法，探索战略导向和产业特征对架构类型的调节效应。

5.3.2　样本选择

本书的研究对象为后发企业，具体为中国高新技术企业中的高技术制造业，如前所述，首先，高新技术企业是我国后发企业进行技术追赶的典型代表，这些企业在通过创新网络的构建进行技术追赶方面做了很大的努力，并且取得了一定的成效，非常符合本书研究探讨后发企业通过构建选择技术合作伙伴、构建有效的创新网络进行技术追赶这一主题。其次，高技术制造业一直是我国重点发展的支柱产业，是摆脱我国“制造大国”标签，转型升级成为“创造和制造强国”的关键部门（黄学，2014）。最后，高技术制造业属于高技术含量的复杂产品制造部门，复杂产品往往涉及多个部件或要素，每一个部件或要素都要求不同领域的技术知识（Miller et al.，2007；Xiao et al.，2013）。无论传统的还是新兴高技术制造企业，所涵盖的部件或要素上存在差异，有的聚焦于单体产品制造，有的聚焦于复杂产品制造，并且不同的企业技术积累水平存在差异性，选择合作伙伴构建的创新网络特征也会存在一定的差异性，这一背景很好地契合了本研究探索不同内部知识基特征的企业通过选择合作伙伴构建创新网络进行技术追赶的机制这一问题。同时，在数据可得性的情况下将研究对象聚焦于浙江省的高技术制造业，浙江省企业在走出去方面始终走在全国的前列，为本书更细致地探索全球有效创新网络构建提供了很好的背景。

以浙江省高新技术企业中的高技术制造业为样本，依据 fsQCA 方法对样本选择的标准（即在考虑结果变量变异为标准的基础上，选择在各条件变量组合同样存在变异的案例）。此外，由于本书主要探索“企业如何通过选择合作伙伴构建有效的创新网络”这一核心问题，因而在浙江省高新技术企业高技术制造业样本中，在考虑结果变量变异的基础上，主要抽样选取行业中相对较优秀的企业为样本，因为这些企业的创新网络构建行为更频繁。在考虑以上选择标准以及数据可得性的基础上，为了尽量减少外生变异，本书继续选取子研究二的 21 家浙江省高技术制造业样本进行对架构类型的调节效应的分析（见表 5.1）。

表 5.1　　样本企业简介和行业代码

序号	企业	企业简介	行业代码
1	A^5	创始于 1984 年，主营轴承生产与销售	C345
2	B^5	创立于 1987 年，主导产品涵盖了光纤预制棒和光纤、光缆的完整产品链	C372
3	C^5	创立于 1984 年，主营制冷空调控制元器件等	C357
4	D^5	成立于 2001 年，专业生产空调器制冷配件及电制冷式中央空调主机和末端设备等产品	C357
5	E^5	创建于 1999 年，以提供优质的低压电器产品和解决方案为主	C392
6	F^5	1998 年成为股份合作制企业，主营汽车零部件生产与销售	C372
7	G^5	成立于 1984 年，是专业的建筑电器连接和建筑电气控制系统的集成供应商	C397
8	H^5	始建于 1975 年，是世界塑料制品业 500 强企业	C301
9	I^5	1995 年成为首批改制为政府授权经营的国有独资企业，主要从事高端装备研发制造	C351
10	J^5	创建于 1994 年，主营业务为蓄电池生产	C394
11	K^5	始创于 1969 年，主业致力于汽车零部件产业	C372
12	L^5	成立于 2001 年，主营计算机软件的开发、服务、销售等	C369
13	M^5	成立于 2000 年，是全国最大的环保机械科研生产企业	C369
14	N^5	成立于 2001 年，是领先的安防产品及行业解决方案提供商	C369

续表

序号	企业	企业简介	行业代码
15	O^5	始建于 1986 年，1997 年进入汽车行业	C372
16	P^5	成立于 1999 年，主营汽车零部件、机械配件等生产和销售	C372
17	Q^5	创建于 1984 年，是智慧能源解决方案提供商	C392
18	R^5	创办于 2001 年，从事微型小型水泵和园林机械的生产和销售	C354
19	S^5	成立于 1984 年，是中国领先的综合光学产品制造商	C397
20	T^5	成立于 1999 年，致力于汽车制动系统的研发、生产和销售	C372
21	U^5	成立于 2004 年，专注于 LED 照明的生产销售	C397

5.3.3　构念赋值标准

5.3.3.1　战略导向

战略导向（Strategic Orientation）是企业的战略方向，用来指引企业活动使之能够获得持续的更优异的绩效（Boso et al.，2013；Scott-Kennel & Giroud，2015）。本书主要聚焦于技术导向（Technology Orientation）和市场导向（Market Orientation），技术导向主要是指企业倾向于引进/使用新技术，来创造新产品进行创新的一种战略制定方向（Gatignon & Xuereb，1997；Hult et al.，2004）；市场导向主要是指企业聚焦于寻找和使用市场信息来优先创造和传递用户价值的战略方向（Boso et al.，2013；Scott-Kennel & Giroud，2015；Urde et al.，2013；彭新敏、吴晓波、吴东，2011）。

本书对技术导向和市场导向的测度参考加蒂尼奥和施玛丽（Gatignon & Xuereb，1997）以及纳福和斯莱特（Narver & Slater，2011）等的经典文献。具体而言，技术导向的主要题项包括：（1）我们在新产品开发中使用复杂的技术；（2）我们的新产品总是使用顶级技术；（3）我们积极地开发技术领先的新产品；（4）基于基础研究结果的技术创新能够很快被组织接受。市场导向主要包括三方面导向内容：一是顾客导向，二是竞争者导向，三是职能部门间的协调。通过对以往文献的总和，采用以下题项：（1）我们非常重视理解客户的需求；（2）我们非常重视为顾客创造价值；（3）我们有非常完善的售后服务；（4）我们能够快速响应竞争者的行动；（5）所有的职能部门都以解决顾客需求为导向；（6）职能部门间经常分享成功或不成功的顾客经验。基于以往研究对技术导向和市场导向的测量题项，本书对技术导向（SO-TO）和市场导向（SO-MO）的具体赋值的每一个层次做具体说明，见表 5.2 和表 5.3。

表 5.2 “SO-TO”的 fsQCA 方法的赋值标准

分值	赋值依据
1.00	非常重视开发技术领先的产品，在新产品开发中总是运用顶级技术以及复杂技术；十分重视且有能力进行基础研究成果的应用和转化
0.67	较重视开发技术领先的产品，在新产品开发中能够部分运用顶级技术以及复杂技术；重视且有一定能力进行基础研究成果的应用和转化
0.33	较少在新产品开发中涉及领先技术、复杂技术和顶级技术；缺少对基础研究成果的应用和转化
0	新产品开发几乎不涉及领先技术、复杂技术和顶级技术；十分欠缺对基础研究成果的应用和转化上的动力和能力

表 5.3 “SO-MO”的 fsQCA 方法的赋值标准

分值	赋值依据
1.00	非常重视顾客需求和为顾客创造价值，有十分完善的售后服务体系；能够快速响应竞争者行动；职能部门均以顾客需求为导向，经常分享顾客经验
0.67	较重视顾客需求和为顾客创造价值，售后服务体系相对完善；关注并能够响应竞争者行动；职能部门以顾客需求为导向，会分享顾客经验
0.33	较少重视顾客需求和为顾客创造价值，售后服务体系相对不完善；不太关注和响应竞争者行动；职能部门不太以顾客需求为导向，偶尔会分享顾客经验
0	不重视顾客需求以及为顾客创造价值，无完善的售后服务体系；不关注竞争者行动；职能部门不以顾客需求为导向，且不分享顾客经验

5.3.3.2 产业特征

很多研究证实了企业属性对创新的影响，例如企业规模、进入时间、国有/民营等（肖兴志、姜晓婧，2013），企业所处产业来源也会对企业创新行为或绩效产生影响，例如传统产业或新兴产业。处于传统产业中的企业，由于中国这一新兴经济体国家带来的市场和技术的劣势，作为产业的后进入者，与国外本身存在较大的差距，由于国外领先技术积累的深厚，形成了技术封锁，使得传统产业中的企业很难一下子进行成功追赶；而伴随着新兴技术兴起的新兴产业中的企业，技术变化迅速，使得后发企业有时间和可能性通过快速学习进行成功追赶。本书主要从企业所处产业为传统产业还是新兴产业来区别产业特征，考虑到同时也会有处于传统产业的企业由于新技术轨迹的出现或者向战略新兴产业转型，例如，原来从事汽车生产的企业进入新能源汽车领域，如万向；原来从事传统光照的企业进入 LED 领域，如鸿雁；原来从事传统电源管理的企业进入新能源管理，如正泰，等等。因此，围绕本书研究的核心问题，对企业所处的产业特征（Indus）采用如下集合赋值标准，见表5.4。

表5.4 “INDUS”的fsQCA方法赋值标准

分值	赋值依据
1.00	伴随着新技术产生而兴起的一批新企业，涉及的技术基本是以新兴技术为主
0.67	伴随着新技术产生而带动传统企业转型过程中出现的一批既包含新兴技术又包含传统技术的企业，以新兴技术为主
0.33	传统产业，产业的后进入者，近期有新的技术轨迹出现，以传统技术为主
0	传统产业，产业的后进入者，技术变化相对较慢

5.3.4 数据收集与处理

5.3.4.1 数据收集和编码

与子研究二同时进行，本书专门成立了4人组成的数据收集和编码小组，收集多种来源的数据并且交叉验证（Eisenhardt，1989）。除作者本人以外，小组成员中其余3人为战略和技术创新方向的博士生，对本书的研究议题和过程都有清晰的了解。

就数据来源而言，主要有：（1）访谈资料，2010～2014年，研究团队成员陆续对21家企业进行了实地调研和访谈，与企业管理高层、技术高层及技术人员均进行过人均长达约1～2小时的访谈，及时将访谈录音资料整理成文本，并最终形成统一结构的案例分析报告。访谈录音和案例分析报告是本书进行fsQCA前期编码工作的重要数据来源；（2）企业技术中心申报资料，省级/国家级技术中心申报资料上明确阐述了企业所处的技术领域、技术水平、产学研/企业间合作情况等数据，也是本书进行fsQCA前期编码工作的重要数据来源；（3）企业网站，由于访谈时间和技术中心申请资料可能存在最近几年的信息缺失，因而数据收集和处理小组查看了企业网站中所有的信息进行辅助；（4）企业新闻，主要是通过百度搜索与企业相关的各类信息进行进一步的辅助；（5）文献资料，通过“中国知网”搜索与企业相关的资料进行辅助。

数据收集和编码小组中的4人（分别标记为a，b，c，d，其中a为研究者本人）分别对各自负责的案例企业进行独立编码（具体分配见表5.5），保证每个案例都有2人或2人以上进行编码，进行交叉验证。

表 5.5　　数据收集和编码小组成员案例分配情况表

序号	企业	成员	序号	企业	成员
1	A^5	a，b	12	L^5	a，c
2	B^5	a，b	13	M^5	a，c
3	C^5	a，b	14	N^5	a，c，d
4	D^5	a，b	15	O^5	a，c，d
5	E^5	a，b	16	P^5	a，d
6	F^5	a，b	17	Q^5	a，d
7	G^5	a，b	18	R^5	a，d
8	H^5	a，c	19	S^5	a，d
9	I^5	a，c	20	T^5	a，d
10	J^5	a，c	21	U^5	a，d
11	K^5	a，b，c			

具体编码过程如下：（1）按照资料来源顺序将所有与构念信息相关的文字描述都放在 EXCEL 表格里（编码内容见表 5.6）；（2）进行初次资料收集整理工作的核对；（3）将每个构念从各数据来源中整理出来的初始文字的核心内容进行提炼；（4）再次进行提炼部分的交叉核对；（5）与构念赋值标准比对，确定具体的集合从属值。现以 T^5 为例，对产业特征以及战略导向（技术导向和市场导向）的具体赋值处理过程加以阐述，见表 5.7。

表 5.6　　数据编码初始条目

条目名称	具体说明
序号	阿拉伯数字
企业名称	全称
行业代码	参考“国民经济行业分类与代码”
成立时间	年份
企业规模	以“总资产”计
聚焦板块	主营业务
产业特征	传统产业/新兴产业，有/无新兴技术
资料来源	按照数据来源分类，网站需注明网址链接
技术导向	企业对新产品开发的重视程度，在新产品中运用技术的领先度和复杂度，对基础研究的重视和产业化能力等相关描述
市场导向	对顾客需求的重视程度，售后体系的建设情况，对竞争对手战略和行动的关注度和反应行动，职能部门间关于顾客需求等的交流情况相关的描述
备注	一些无法分辨的情况或需要额外说明的情况

表 5.7　　T^5企业案例编码举例

变量	赋值
SO-TO	0.67
数据整理 二次提炼	✓ T^5 从 85 年开始做汽车零部件，从汽车继动阀、手刹、控制阀等这些产品逐步扩大到机械电控化、电子控制等部件，再到汽车模块化产品，这些产品都是随着企业战略定位的变化进行研发。公司有专门的信息收集中心和信息收集员对前沿技术信息进行搜集。“部分新产品在刚开始做的时候，我们都对这个技术不熟悉，于是奇瑞买了两辆奔驰的轿车，分拆开来研究每个部件起什么作用，其中硬件部分我们还能借鉴模仿，但是软件得我们自己开发…” ✓ “一个全新的东西开发出来没有 5 到 10 年的时间是很难推广到市场上的，像 ABS 这一块，我们就是十年磨一剑，前期的投入是非常大的，而且没有利润值的，但是作为一个大的企业，还是要把眼光放的长远一些，投入研发的。” T^5 每年开发新产品，与清华大学、南京理工大学、浙江大学等高校在制动防抱死系统（ABS）/电子驻车制动系统（EBS）制动系统、电子制动系统（EPE）电动驻车系统新能源等基础研究上都有合作，企业本身十分注重基础技术研究，同时通过产学研合作实现基础研究产业化，企业 EBS 等制动系统的研发离不开企业对基础研究开发的重视和产业化的能力
编码依据	企业相对较重视新产品的技术开发问题，在一些产品中能够运用领先技术和复杂技术，重视并且有一定的能力进行基础研究成果的应用和转化
SO-MO	0.67
数据整理 二次提炼	✓ 技术中心内部有一个情报收集部门，每月初和月中会向员工发放行业资讯。在行业内部有一个战略中心，有 20 个单位参加，每一季度开一次圆桌会议，会对国内现状分析和国外信息有了解 ✓ 内部沟通机制：①系统例会：视频会议每个月一次，季度会议有时候在店口、有时候在北京，有时候在上海，只有中高层会参与。②Prm 这个平台，数据库导入进去，内部工作的开展，设计图纸是实时反应 ✓ 需要与客户进行匹配，主要有两种方式：①主机厂会直接拿来一个产品图纸，要我们按照他们的要求做，他们会做整车配套；②整车厂把整车的要求给我们，别的他们都不管，然后要我们按照他们的要求去配套 ✓ 试验室有轮岗机制 ✓ 我们主要是被动服务，我们主要是客户反馈主机厂，主机厂反馈给我们
编码依据	企业较重视顾客需求和为顾客创造价值，售后服务体系相对完善；较关注并能够响应竞争者行动；职能部门以顾客需求为导向，会分享顾客经验
INDUS	0.33
编码依据	企业主营业务主要为汽车制动系统，近几年逐步延伸到汽车底盘集成领域，主导产品包括汽车电子控制系统、汽车制动系统、离合器操纵系统、汽车工程塑料等。随着新能源汽车产业的逐步发展，开始涉足电动车的电动真空泵，是国内首家生产这一产品的汽车零部件企业。可见，T^5 主导产品主要集中于传统的汽车零部件行业，但是对于新能源汽车的这一新技术轨道也开始逐步涉及

对 21 家案例企业进行编码后，得到的关于战略导向和产业特征的 fsQCA 赋值具体数值，见表 5.8。

表 5.8　　案例企业编码数值表

序号（NUM）	企业代码（NAME）	产业特征（INDUS）	技术导向（SO-TO）	市场导向（SO-MO）
1	A^5	0.33	0.33	0.67
2	B^5	1	1	0.67
3	C^5	0.33	0.67	0.67
4	D^5	0.33	1	0.67
5	E^5	0.33	0.33	0.33
6	F^5	0	0.67	0.67
7	G^5	0.67	0.33	0.67
8	H^5	0	0.33	0.33
9	I^5	0.33	1	0.67
10	J^5	0.33	0.67	0.67
11	K^5	0.33	1	0.67
12	L^5	1	1	0.67
13	M^5	0.67	0.67	0.67
14	N^5	1	1	0.67
15	O^5	0	1	0.67
16	P^5	0.33	0.67	0.67
17	Q^5	0.33	0.33	0.33
18	R^5	0	0.33	0.67
19	S^5	0.33	0.67	0.67
20	T^5	0.33	0.67	0.67
21	U^5	1	0.67	0.33

5.3.4.2　数据处理

数据处理过程主要运用查尔斯开发的 fsQCA 2.0 软件操作。先在软件中设置好相应的案例名称、条件变量名称和结果变量名称，然后将编码所得的数据全部导入或者复制粘贴进设置好的界面。开始构建真值表（truth table），真值表是布尔最小化（“Quine-McCluskey algorithm”）运算得出后续结果路径和结果讨论的基础，非常重要。本研究将分开对战略导向以及产业特征进行运算，每一部分的具体软件操作过程如下。

（1）将连续值转换成为集合从属值，构建初始表格（raw table）。由于本章节战略导向和产业特征均已根据集合赋值标准确定相应的集合从属值，且在两次运算中均不用在运用软件自带的程序对相应数值进行赋值。而每次运算相对应的内部知识基宽度、知识基深度以及创新网络构成的知识异质性和知识质量仍然参照子研究二的赋值标准进行下一步运算。

（2）必要条件分析。为了确定所有的自变量均为引起结果变量变化的原因，即为条件变量，需要通过软件的“必要条件分析（Analysis of necessary condition）”运算来确定模型中的自变量均为结果变量的子集（consistency 值小于 0.9）。否则需要删除非必要条件的变量。

（3）直接进行“基于模糊集的真值表运算（Fuzzy Truth Table Algorithm）”分析运算。

（4）设定样本频次门槛值（即 Frequency）。设定频率是为了根据属于某个条件组合的案例数有多少，来确定这个条件组合是结果的原因模式，具体确定频率值为多少要看案例数目、对案例的熟悉程度、条目测量和编码误差以及对解释的详尽要求程度，但是一般案例数目比较少，对案例情况比较熟悉的前提下选取频率值“1”就够了，但是如果案例数目成百，对于案例不熟悉，那么由于衡量和编码的误差，要求将频率值设置为至少是 5 或者至少是 10（Ragin，2009；Verweij et al.，2013）。由于本书案例数量不多，且对每个案例都比较熟悉，因此，选取频率值为 1。

（5）设定一致性值（consistency）。一致性表示该条件组合在多大程度上是结果集合的子集，即表示该组合多大程度上能够解释结果（Ragin，2009），一般要求最低为 0.75。基于此，在对战略导向这一条件变量进行运算的过程中，本书将运行结果中高于一致性值 0.82 的组合结果设置为 1，低于一致性值的组合结果 0.82 设置为 0；在对产业特征这一条件变量进行运算的过程中，本书将运行结果高于一致性值 0.88 的组合结果设置为 1，低于一致性值 0.88 的组合结果设置为 0。

（6）进行结果路径分析，通过“标准分析（Standard Analysis）”运算可得。所得结果为三类，一类是复杂路径结果（the complex solution），一类是中间结果（intermediate solution），一类是最简洁路径结果（parsimonious solution）。其中，既包含在复杂结果中又包含在最简洁的结果中的条件属于核心条件，包含在复杂结果中而不包含在最简洁结果中的条件则为次要条件（Fiss，2011）。当处理过程中选择所有的条件变量出现与否都与结果变量无必然相关的情况下，最复杂的结果与中间结果路径是完全一样的（Ragin，2009），因此，在统计分析结果中只汇报最复杂的结果和最简洁的结果，并给予这两个结果汇报不同路径的核心条件和外围条件。

最后根据得到的路径结果进行进一步的分析与讨论。

5.4 统计分析结果

5.4.1 战略导向作为条件变量的运算结果

在子研究二的基础上，先以战略导向作为新的条件变量，加入模型，进行必要条件检验，结果见表5.9。

表5.9　战略导向下以“创新追赶绩效”为结果变量进行必要条件分析

必要条件分析（Analysis of Necessary Conditions）		
结果变量：创新追赶绩效（Outcome variable：perf）		
测试条件（Conditions tested）	一致性（Consistency）	覆盖度（Coverage）
战略导向（技术导向）	0.857 021	0.698 047
非战略导向（技术导向）	0.369 007	0.647 147
战略导向（市场导向）	0.800 514	0.735 641
非战略导向（市场导向）	0.538 527	0.758 745
知识基宽度	0.599 315	0.583 333
非知识基宽度	0.541 952	0.703 333
知识基深度	0.588 185	0.751 641
非知识基深度	0.548 801	0.540 472
知识异质性	0.741 438	0.702 352
非知识异质性	0.541 096	0.728 950
知识质量	0.880 993	0.708 190
非知识质量	0.230 308	0.415 765

由于所有被检验条件的一致性值（consistency）均小于0.9，说明市场导向、技术导向、内部知识基宽度、内部知识基深度、创新网络构成的知识异质性以及知识质量均为获取高创新追赶绩效的条件变量，不予以删除。进而构建真值表进行布尔最小化（“Quine-McCluskey algorithm”）运算得出最后的结果。本书依据对不同战略导向下取得高创新追赶绩效的复杂路径和简洁路径分析，确定了战略导向对取得高创新追赶绩效的不同架构类型调节下的核心条件和外围条件，具体见表5.10。

表 5.10　　　　不同战略导向下取得高创新追赶绩效的架构类型

变量			路径			
			1	2a	2b	3
情境条件	战略导向	技术导向	•	●	●	◎
		市场导向	•	•		•
架构条件	内部知识基	知识基宽度	◦		•	◦
		知识基深度	●	◦	•	◦
	创新网络构成	知识异质性	◦	●	●	◎
		知识质量	•	●	●	●
一致性（Consistency）			0.958 333	0.918 552	0.756 757	0.878 906
原始覆盖度（Raw coverage）			0.255 993	0.347 603	0.359 589	0.192 637
唯一覆盖度（Unique coverage）			0.086 473	0.108 733	0.184 075	0.029 110
总体一致性（Overall solution consistency）			0.845 455			
总体覆盖度（Overall solution coverage）			0.716 610			

注：实心大圆点和空心大圆点表示核心条件，实心小圆点和空心小圆点表示外围条件，实心表示条件的正面，空心表示条件的对立面，即“非”。

5.4.2　产业特征作为条件变量的运算结果

在子研究二的基础上，进一步以产业特征作为新的条件变量，加入模型，进行必要条件检验，结果见表 5.11。

表 5.11　　产业特征下以“创新追赶绩效”为结果变量进行必要条件分析

必要条件分析（Analysis of Necessary Conditions）		
结果变量：创新追赶绩效（Outcome variable：perf）		
测试条件（Conditions tested）	一致性（Consistency）	覆盖度（Coverage）
产业特征	0.597 603	0.778 149
非产业特征	0.600 171	0.582 710
知识基宽度	0.599 315	0.583 333
非知识基宽度	0.541 952	0.703 333
知识基深度	0.588 185	0.751 641
非知识基深度	0.548 801	0.540 472
知识异质性	0.741 438	0.702 352
非知识异质性	0.541 096	0.728 950
知识质量	0.880 993	0.708 190
非知识质量	0.230 308	0.415 765

由于所有被检验条件的一致性值（consistency）均小于 0.9，说明产业特征、内部知识基宽度、内部知识基深度、创新网络构成的知识异质性以及知识质量均

为获取高创新追赶绩效的条件变量，不予以删除。进而构建真值表进行布尔最小化（“Quine-McCluskey algorithm”）运算得出最后的结果。本书依据对不同产业特征下取得高创新追赶绩效的复杂路径和简洁路径分析，确定了产业特征下对取得高创新追赶绩效的不同架构类型调节下的核心条件和外围条件，具体见表 5. 12。

表 5. 12　　不同产业特征下取得高创新追赶绩效的架构类型

变量			路径		
			1	2	3
情境条件	产业特征		●	○	○
架构条件	内部知识基	知识基宽度	•	◎	◎
		知识基深度		●	○
	创新网络构成	知识异质性	•	○	●
		知识质量	●	•	●
一致性（Consistency）			0. 905 405	0. 953 405	0. 887 273
原始覆盖度（Raw coverage）			0. 458 904	0. 227 740	0. 208 904
唯一覆盖度（Unique coverage）			0. 310 788	0. 086 473	0. 049 658
总体一致性（Overall solution consistency）			0. 923 262		
总体覆盖度（Overall solution coverage）			0. 659 247		

注：实心大圆点和空心大圆点表示核心条件，实心小圆点和空心小圆点表示外围条件，实心表示条件的正面，空心表示条件的对立面，即“非”。

5. 5　发现与讨论

5. 5. 1　战略导向对架构类型的调节作用

从表 5. 10 可见，总体路径一致性为 0. 84（≥0. 80），并且大于表 4. 13 显示的总体路径一致性，表明战略导向对创新追赶绩效这一结果存在较好地解释。同时，通过对比可以发现，战略导向对企业内部知识基和外部创新网络架构配置的影响主要体现在两个方面，一是对特定架构类型具体要素构成的调节，具体为每一组合内部核心条件和次要条件的组合，二是对不同架构类型与创新追赶绩效关系的调节。

首先，在不同特征的内部知识基下，与子研究二得出的结论一致，配置相应的外部创新网络形成 5 种架构类型能够更好地作用于创新追赶绩效，但是具体的核心条件和次要条件在战略导向的影响有所不同。在子研究二中，所有的架构类型需要重点配置高知识质量的外部创新网络，而在战略导向的影响下，有的架构类型更需要关注自身知识积累深度（路径 1），有的要共同关注外部创新网络的知识异质性和知识质量（路径 2a、路径 2b 和路径 3）。

其次，战略导向对不同的架构类型与创新追赶绩效间的关系存在一定的调节作用。具体如下。

（1）当企业技术导向和市场导向均较高时，结合路径 1、路径 2a 和路径 2b 可知，架构类型Ⅰ/Ⅱ/Ⅲ/Ⅴ对创新追赶绩效的作用效果更显著。值得注意的是，当内部知识基宽度和知识基深度较低时，外部创新网络知识异质性较高、知识质量较高的创新网络对创新追赶绩效的作用效果更好。当后发企业的技术导向和市场导向均较高时，企业更加关注基础技术知识和前沿技术知识的本地搜索和跨本地搜索，能够更好地从异质性节点中获取有价值的知识资源，同时，更加关注对顾客需求的快速响应，以及开发新产品满足更多地市场需求，所获取的更有价值的知识资源能够更好地与内部知识基匹配，快速推出更多与市场需求契合的新产品。因此，当知识基宽度和深度均较低时，外部创新网络知识异质性和知识质量更高时，创新追赶绩效更好。

（2）当技术导向相比于市场导向更高时，由路径 2b 可知，架构类型Ⅱ同样对创新追赶绩效的作用效果更显著。当企业技术导向更高时，企业更加关注基础技术知识和前沿技术知识的本地搜索和跨本地搜索，能够更好地从内部知识基配置和异质性节点中获取有价值的知识资源。因此，内部知识基宽度和深度更高、且外部创新网络知识异质性和知识质量更高的架构类型Ⅱ对创新追赶绩效的影响更显著。

（3）当市场导向相比于技术导向更高，由路径 3 可知，架构类型Ⅵ对创新追赶绩效的作用效果更显著。由于技术导向相对较低，从异质性节点中获益会降低，聚焦于较低程度内部知识基配置和节点异质性会更好，此外，市场导向较高，企业会更多地利用本地搜索和跨本地搜索配置新产品，创新绩效也会提升。因此，内部知识基宽度和深度较低，外部创新网络知识异质性较低、质量较高的架构类型Ⅳ对创新追赶绩效的影响更显著。

5.5.2　产业特征对架构类型的调节作用

调研发现，传统高技术制造业企业和新兴高技术制造业都呈现最初从单体零部件制造切入，再逐步向企业上下游延伸的趋势。然而传统产业内的高技术制造业与国际领先企业相比，一方面由于技术本身的因素，国外产业内几十年的技术积累和试错经验使得其已经形成技术壁垒；另一方面是市场因素，结合调研发现，国内很多涉及单体产品制造的高技术企业一般在延伸到技术距离相近的范围边界形成子模块与国内外系统产品制造商配套后，考虑到市场重合可能带来的配套市场的丧失，不会再继续向下游延伸（传统制造领域内的新兴技术除外）。由于产业特征本身所带来的技术变化速度等的不同，使得不同产业内的企业在拓展知识基范围上的成本存在一定的差异性，企业配置特定的内部知识基以及相应的创新网络构成能够产生更好的创新追赶绩效。

从表 5. 12 可知，总体路径一致性为 0. 92（≥0. 80），并且大于表 4. 13 显示的总体路径一致性，表明产业特征对创新追赶绩效这一结果存在较好地解释。通过对比可以发现，产业特征对架构类型的调节同样主要体现在两个方面：一是对特定架构类型具体要素构成的调节，包括各条件变量的组合以及每一组合内部核心条件和次要条件的组合；二是对不同架构类型与创新追赶绩效间关系的调节。

首先，对于内部知识基和外部创新网络架构而言，在产业特征的影响下，其中 3 种架构类型能够取得好的创新追赶绩效。与子研究二相比，在内部知识基宽度和深度都较低的情况下，在考虑外部环境产业特征的影响时，外部知识异质性和知识质量都较高的创新网络对创新追赶绩效的作用更显著。同时，在产业特征的影响下，具体的核心条件和次要条件的组合不同，子研究二显示不同的架构类型均需要重点关注外部创新网络的知识质量，然而，在产业特征的影响下，不同的架构类型有不同的侧重点，有的需要重点关注内部知识基宽度和深度（路径 2），有的则需要共同关注内部知识基宽度和外部创新网络的知识异质性和知识质量（路径 3）。

其次，产业特征对不同的架构类型于创新追赶绩效间的关系存在一定的调节作用。由表 5. 12 可知，当企业相对处于技术变化迅速、与国外差距相对较小的产业中时，最好选择路径 1，而当企业处于技术变化相对缓慢、与国外差距相对较大的产业中时，最好选择路径 2 和路径 3。从权变视角来看产业特征对架构类型的调节作用可知：（1）对于处于技术变化迅速、与国外技术差距并不是特别大的产业中的企业而言，内部知识基宽度较大的架构类型作用效果更显著，一方面是因为随着企业知识基深度的提升，跨越特定知识基宽度的成本相对较低，所能获取的收益会更高；另一方面知识基宽度的提升使得企业能够直接接近市场，主导系统产品的整合。因此，架构类型Ⅰ或Ⅱ对创新追赶绩效的影响更显著，并且在内部研发或外部研发导向的战略下可以选择相应的选择架构类型Ⅰ或架构类型Ⅱ。（2）对于系统内部技术距离较大，技术变化较慢落差较大的企业而言，跨越更大范围的技术距离所带来的成本会超过技术多样化所带来的收益，所以最好聚焦于复杂产品制造内部相对较小的技术领域内，同时需要不断积累自身的技术复杂度提升知识基深度，选择架构类型Ⅲ更有利于创新追赶。这一结论也与调研过程中企业的反应一致："……国外很多大公司，他们的技术已经非常成熟，并且他们已经开始剥离制造，专门有成千上万的人搞研发……几十年的技术积累，试错经验积累成数据库，这是非常宝贵的财富，我们再搞十几年也追不上去……但是他们再高端也离不开生产和执行部门，在这些领域我们有经验……很多做零部件的企业一方面是没有能力做整个复杂产品，内部技术距离太大，追上人家也很难，另一方面他们也不愿意放弃现有的配套市场，因为你做整个（复杂）产品了，与人家市场有冲突，人家可能就不跟你配套了……"。因此，当企业处于技术变化迅速、与国外技术差距相对较小的产业特征中时，企业可以相应地选择架构类型Ⅰ；当企业处于技术变化缓慢、与国外技术差距相对较大的产业特征中时，企业选择架构类型Ⅱ或架构类型Ⅲ更有利于创新追赶。

5.6　本章小结

对 21 家样本企业的 fsQCA 实证分析的结论显示，战略导向和产业特征均对内部知识基和外部创新网络构成形成的架构类型起到一定的调节作用：一方面，调节架构类型的具体条件的组合以及核心条件和次要条件的组合，另一方面，调节架构类型对创新追赶绩效的作用。具体如下。

当企业战略导向中技术导向和市场导向均较高时，在内部知识基和外部创新网络构成形成的能够取得高创新追赶绩效的 5 种架构类型，焦点企业可以选择 4 种，能够取得更好的创新追赶绩效，具体为：（1）当焦点企业内部知识基宽度较高、深度较低时，配置外部知识异质性和知识质量都较高的创新网络（子研究二得出的架构类型Ⅰ）；（2）当焦点企业内部知识基宽度和深度都较深时，配置外部知识异质性和知识质量都较高的创新网络（子研究二得出的架构类型Ⅱ）；（3）当焦点企业内部知识基深度和宽度都较低时，配置外部知识异质性和知识质量都较高的创新网络（子研究二得出的架构类型Ⅲ）；（4）当焦点企业内部知识基宽度较低、深度较高时，配置外部知识异质性较低、知识质量较高的创新网络（子研究二得出的架构类型Ⅴ）。

当焦点企业技术导向相对于市场导向更高时，在内部知识基和外部创新网络构成形成的能够取得高创新追赶绩效的5种架构类型中，焦点企业可以选择内部知识基宽度和深度都较高、外部知识异质性和知识质量都较高的创新网络（子研究二得出的架构类型Ⅱ）；当焦点企业市场导向相比于技术导向更高时，在内部知识基和外部创新网络构成形成的能够取得高创新追赶绩效的5种架构类型中，焦点企业在内部知识基宽度和深度都较低时，需要选择外部知识异质性相对较低、知识质量相对较高的创新网络（子研究二得出的架构类型Ⅴ）。

就产业特征的调节作用而言，当企业处于技术变化较快、与国外差距较小的行业中时，可以选择：（1）焦点企业内部知识基宽度较高、深度较低，配置外部知识异质性和知识质量都较高的创新网络（子研究二的架构类型Ⅰ）；（2）焦点企业内部知识基宽度和深度都较高，配置外部知识异质性和知识质量都较高的创新网络（子研究二的架构类型Ⅱ）。当企业处于技术变化较慢、国外差距较大的行业中时，可以选择：（1）焦点企业内部知识基宽度较低、深度较高，配置外部知识异质性较低、知识质量较高的创新网络（子研究二的架构类型Ⅴ）；（2）焦点企业内部知识基宽度和深度都较低时，配置外部知识异质性和知识质量都较高的创新网络（子研究二得出的架构类型Ⅲ）。

第6章　后发企业技术追赶过程中网络节点与组织学习平衡模式的演化

子研究一、子研究二和子研究三围绕“后发企业选择合适的节点（群）即合作伙伴构建创新网络”这一核心问题，得出了能够取得高创新追赶绩效的5种不同的配置内部知识基和外部创新网络的架构类型。然而，企业并不是一开始就能取得这样合适的架构类型，同时企业自身战略导向、内部知识基配置等都会随着时间的变化而产生相应的变化。因此，本章节主要通过对3家成功向竞争前沿转型的案例企业的分析，探索企业配置内部知识基和外部创新网络的具体路径，以及从创新网络中获益的组织学习机制的演化。

6.1　问题提出

后发企业如何进行创新追赶、实现技术能力的提升是发展中国家提升整体技术能力的重要方面。随着组织环境变得更加全球化、动态性、竞争性（Smith & Lewis，2011），资源全球分散，面临技术和市场双重劣势的发展中国家的后发企业，仅通过内部研发难以培育足够的企业特质资源参与国际竞争（Luo & Wang，2012；刘洋等，2013），并且通过对国际领先企业技术溢出简单的模仿学习对企业的创新能力提升作用有限（Luo & Wang，2012；江诗松等，2012；刘洋等，2013），后发企业突破“资源获取型”的国际网络嵌入路径（魏江等，2014）成为重要问题。

事实上，随着新兴技术的发展以及国内市场的开拓，后发企业逐步从通过生产的方式嵌入全球生产网络转移到通过研发的方式嵌入全球价值网络。这些企业以技术中心为平台，通过组织内部的研发努力以及与技术合作伙伴的交互不断提升技术能力，最终构建起全球化的创新网络，得以在全球范围内获取和配置技术资源。在相对完备的机制下，实现组织内部和外部探索及利用的双元平衡，一方面，对已有成熟技术进行开发、重组进行技术追赶，另一方面，进行技术前沿、新技术领域的探索保持竞争优势。

开放环境下，网络能力起到了重要作用（Cho & Lee，2003）。以往的后发企业追赶研究分析了后发企业通过嵌入领先企业主导的全球生产网络来提高自身技术能力的知识转移机制，不过他们并没有进一步指出后发企业应该怎样构建与之相适应、相匹配的企业网络来消化吸收其所引进的技术（彭新敏等，2011），更没有阐述构建互惠式学习的创新网络的具体路径。此外，关于后发企业技术追赶的新兴研究指出，构建探索和利用的二元性能够使得企业拥有更多的机会克服后发劣势，追赶甚至超越领先在位者，成为新兴经济体中后发企业成功的关键（Luo & Rui，2009），但结合组织内外部探索和利用平衡的模式和具体机制仍未明晰。

因此，在后发企业通过创新网络构建活动实现向竞争前沿转型这一新背景下，本书借鉴杜特兰（2004）从简单知识基到复杂知识基的追赶模型，选取了3家成功转向竞争前沿的后发企业，重点分析其通过创新网络构建向技术前沿转型的技术追赶全过程，试图解决以下三个基本问题：首先，在从简单知识基到复杂知识基追赶的过程中，企业自身知识基配置的具体特征和路径如何？其次，伴随着企业自身知识基的变化，从异质性的网络节点（群）角度如何构建与知识基匹配的创新网络？最后，后发企业在突破技术引进消化吸收路径向互惠式学习转型的过程中，组织学习的平衡模式如何演化？

6.2 理论基础

6.2.1 网络情境下的后发企业技术追赶

后发企业是指面对技术和市场双重劣势，以追赶为目标的发展中国家的国内企业（Hobday，1995；江诗松等，2012）。最初对于后发企业技术追赶的研究主要聚焦于后发企业对领先企业技术溢出的模仿学习（Kim，1980；Malerba & Nelson，2011；Mathews，2002；吴晓波，1995；吴玉满、吴玉柱，2008）。随着全球化进程的加剧，后发企业的追赶过程也逐渐从早前相对封闭的环境向开放环境演进（江诗松等，2012），网络能力在其技术追赶过程中扮演了重要角色（Cho & Lee，2003）。目前网络情境下的后发企业技术追赶研究主要聚焦于网络结构、关系和节点维度企业网络特征变化方面，例如，蔡宁和潘松挺（2008）对海正药业的单案例研究显示，企业构建网络的强弱关系协同演化，分别促进利用式创新和探索式创新；彭新敏等（2011）基于二次创新视角通过海天集团的纵向单案例研究得出，在后发企业技术追赶过程中逐步从规模较小、成员异质性较低、网络关系强弱交替的企业网络转向规模较大、成员异质性较高的二重网络。此外，新兴的基于边界拓展的技术追赶研究从地理/组织/知识（刘洋等，2013）、时间距离/认知距离（杨雪等，2015）探讨了创新网络构建的过程和机理。

尽管目前有较多研究开始关注网络情境下后发企业的技术追赶问题，但其仍存在以下不足：首先，目前的研究主要关注后发企业嵌入领先企业主导的全球生产网络进行引进消化吸收技术的网络构建过程（彭新敏等，2011），然而，越来越多的后发企业基于互惠式学习的研发合作构建起以后发企业为焦点的创新网络，实现向竞争前沿的转型，这一现象值得更多关注；其次，目前对于后发企业技术追赶过程中网络节点变化的研究主要关注组织特性，通过高校、供应商等组织特性来刻画节点异质性，然而，企业构建创新网络主要是为了获取资源，不仅不同的企业会带来相似的资源，即使相同的企业随着时间的转移所能提供的网络资源也会有差异性，因此，单纯从组织属性不能刻画节点的资源禀赋本质，从而不能更好地刻画后发企业创新网络构建的匹配本质。

6.2.2　网络情境下的组织学习二元性

马奇（1991）将组织学习分类探索式学习和利用式学习两类，由于不同的组织学习方式对组织的结构、资源、惯例等需求不同，以往的很多研究认为，探索和利用不可兼容，然而，探索和利用的平衡又是企业赢得高绩效的关键（Lavie & Rosenkopf，2006），由此，学者提出了一些取得探索和利用平衡的模式，按具体方式如时间分隔和空间分隔（Lavie et al.，2011），并购与自身知识基距离不同的对象（Finkelstein，2009；Vermeulen & Barkema，2001），与联盟对象的领域分隔（Lavie et al.，2011）。其中，也有学者将时间分隔称为间断型平衡模式，将空间分隔称为双元型平衡模式（彭新敏等，2011）。

以往的研究认为，后发企业由于资源稀缺，更适合采用时间分隔的方式取得探索式学习和利用式学习的平衡，然而，在网络情境下，丰富的网络资源（Lavie & Rosenkopf，2006）为后发企业同时采用探索式学习和利用式学习提供了可能。彭新敏等（2011）通过案例研究发现，后发企业在创新网络构建过程中逐步从间断型平衡模式（即时间分隔）转向双元型平衡模式（即空间分隔）。同时，彭新敏和吴东（Peng & Wu，2013）通过案例研究的方式进一步发现后发企业主要通过在不同的价值链功能上构建多样化的合作伙伴来取得二元性。

然而，以往对于后发企业通过构建网络进行技术追赶的组织学习二元性研究基本局限于组织间这一单一的模式内。正如斯泰特纳和拉维（2014）的实证研究指出，通过不同模式（组织内/组织间）分别聚焦于探索和利用，既能够获取探索和利用平衡的收益，同时又能够避免冲突的组织惯例带来的组织学习的负向转移，这大于在每个模式内取得探索和利用平衡所能获取的收益。后发企业技术追赶过程中组织内和组织间探索式学习和利用式学习平衡的具体机制以及制度安排仍然值得进一步探讨。

后发企业在从缺乏技术和市场劣势出发，到成功转型为创新企业的过程中，花费大量资源进行结网等活动（吕国庆等，2014），用来获取技术知识。因此，本书采用知识的视角，围绕后发企业从生产的方式嵌入全球生产网络转向通过研发的方式嵌入全球价值网络向竞争前沿转型的具体过程，从内外部知识匹配的角度来探讨后发企业如何构建有效的创新网络这一问题，探讨内外部知识演化的具体路径，以及不同模式之间后发企业取得组织学习二元性平衡的具体模式及制度安排的演化。

6.3 研究方法

6.3.1 方法选择

本书之所以采用纵向多案例的研究方法是因为本书旨在探索“后发企业在通过技术追赶向竞争前沿转型的过程中，内外部知识的匹配以及组织学习平衡模式演化”这一问题，涉及“如何”这一问题。具体而言：一是因为后发企业实现向竞争前沿的转型是目前少数优秀企业所表现出来新的独特现象，现有的理论解释还不完备（Eisenhardt，1989；Glaser & Strauss，2009）；二是因为该研究问题涉及具体的演化过程（Eisenhardt，1989）；三是通过设置恰当的时间段，回溯多重时间段内的事件发生的次序，通过案例内分析和跨案例分析比较不同阶段以及不同企业的差异性和相似性，能够更好地揭示要分析的问题是如何随着时间的变化而变化的，能够确保研究的内部效度和外部效度，更具稳健性（Yin，2009）。

6.3.2　案例选择

本书以成功向竞争前沿转型的后发企业为样本，遵循案例选择典型性、过程可复制性、数据获取便利性的原则，选取了 A^6、B^6、C^6 3 家技术领先性企业（详见表 6.1）。具体原因如下：一是这些企业均来自制造业的机械设备制造，属于复杂产品制造，由众多技术距离较大的子部件构成，每一子部件本身内部技术距离较近，企业在内部知识基配置上有不同的战略抉择，呈现出不同的路径，最终形成不同的内部知识基与异质性节点间的匹配类型，但两者的演化规律又存在一定的相似性；二是这 3 家企业均经历了从通过生产的方式嵌入全球生产网络到通过研发的方式嵌入全球价值网络，从而向竞争前沿转型，从简单知识基过渡到复杂知识基，依据杜特兰（2004）的模型能区分出不同的阶段，依据复制逻辑进行跨案例的比较分析；三是这 3 家企业均来自浙江省内，能够从一定程度上排除市场、制度等外部环境带来的影响。

表 6.1　　样本情况介绍

企业名称	A^6	B^6	C^6
所在行业	安防视频监控	传动制造	热交换器
主导产品	前端设备、主控设备、后端设备及安防软件为架构的安防产品	链条、链轮、齿轮等多种传动产品	机油冷却器、中冷器等热交换器
成立时间	2001 年	1991 年	1980 年（进入该领域时间）
营业收入	35.31 亿	16.45 亿	16.84 亿
行业地位	全球领先的监控产品供应商和解决方案服务商	保持链条行业开发新产品最多纪录，并且保持每年新品种开发数量增加 7%～8%，属国内领军企业	我国汽车零部件散热器行业龙头企业

6.3.3　数据收集

为了提高案例构建的信度和效度，本书采用多样化的信息和资料来源进行交叉验证和相互补充（Eisenhardt，1989；Yin，2009），构成“资料三角形”（Patton，1987）。数据来源主要包括档案资料、文献资料、访谈资料三类。首先，通过团队合作获取 CNKI 上与案例企业相关的文献搜索、百度新闻报道、上市公司年报、国家知识产权局网站中外专利信息服务平台（CNIPR）上的专利信息等可及的二手数据，并按照“技术、创新、合作、网络、国际化”等关键词进行整理编码；其次，在二手数据的基础上，对每个企业的公司战略制定者、技术中心主管等战略和技术相关人员进行深入的访谈（每人次约1～1.5小时），内容涉及具体的战略制定和变更过程，技术发展过程，技术合作的动机、方式以及效果等细节问题；最后，在二手资料及访谈资料交叉验证的基础上，按照事件发生的次序，将具体编码所得的事件整理成平均每个企业约1.6万字的案例报告。

6.3.4 数据分析

在对每个案例的分析过程中，基于杜特兰（2004）提出的追赶模型，从知识基变化的视角将企业趋近技术前沿这一过程区分为构建必要知识基、变革以及构建复杂知识基三个阶段，其中，构建必要知识基阶段主要是降低成本、提升产品质量、升级设备，从而取得与竞争者相同的市场地位；变革阶段仍然处于简单知识基阶段，但是拥有特定技术领域创新以及提升的能力；构建复杂知识基阶段能够显著区别于竞争者，在众多技术领域都能够持续维持、培育和更新技术创新能力。在此基础上，本书进一步从知识基深度和知识基宽度两个维度来刻画不同企业的知识基变化过程。

随后，结合二手资料和访谈资料进行构念层次的编码。

（1）在响应目前学者提出的对网络构成（network composition）（Phelps，2010）关注的基础上，为了克服单从企业合作者中高校、研究机构、供应商、同行、客户等合作者属性所占比例来判断伙伴异质性程度，以及从单一维度刻画网络构成内容可能存在的缺陷，本书在控制创新网络成员数量的基础上，采用知识的角度，从企业真正所能接触到的成员的知识异质性和知识质量两个维度联合刻画创新网络的特征，从一定程度上减少以往成员异质性研究所带来的不足。由于案例研究的便利性，通过具体的访谈内容结合公开的二手资料使得本书能够翔实地刻画出企业所能接触到的合作者的知识的类型和属性，以及在不同阶段所能接触到的创新网络构成内容的变化，这能更贴切地反映出企业创新网络构成的本质及其变化。

（2）结合以往的文献研究，本书将建立在企业自身已有技术上对熟悉的或成熟技术知识的学习活动确定为利用式学习，将企业对不熟悉、新兴技术以及跨产业知识的学习活动确定为探索式学习（Lavie & Rosenkopf，2006；Peng & Wu，2013；Stettner & Lavie，2014）。

（3）就追赶绩效而言，本书从企业在国内行业中所处水平以及与国际同行领先企业的技术差距来刻画（变量测度详见表6.2）。

表 6.2　　　　　　　　　　　　　变量测度标准

构念	维度	描述	测度标准	赋值
内部知识基	知识基宽度	涉及的知识广泛程度	单项核心技术	低
			以单项核心技术为中心的高相关性技术	中
			拥有多项核心技术的分散技术	高
	知识基深度	对技术领域的掌握精通程度	降低成本、提升产品质量、升级设备为主	低
			常规生产、并且在特定技术领域进行创新	中
			常规生产、掌握众多技术领域的先进知识	高
创新网络构成	知识异质性	合作技术领域	局限于单项核心技术领域	低
			围绕单项核心的高相关性技术领域	中
			围绕众多分散的核心技术	高
	知识质量	合作者平均技术水平	以国内行业中的成熟技术知识为主	低
			以国内行业中的前沿知识为主	中
			以国内国际行业中的前沿知识为主	高
组织学习	利用式学习	对熟悉/成熟技术知识的学习	技术咨询、新产品开发、双方在已有技术基础上的技术配套学习	—
	探索式学习	对不熟悉/新兴/跨产业技术知识的学习	对前沿技术的探索；跨产业的合作学习；对新兴技术的学习和应用	—
	组织学习二元性	兼顾探索式学习和利用式学习	在同一模式内或不同模式间从时间和空间两方面兼顾不同类型的组织学习	—
追赶绩效		国内行业水平及其与国际领先企业的差距	行业中等，还存在较大差距	低
			行业优秀，差距缩小	中
			行业领先，与国际领先企业并驾齐驱	高

6.4　案例内分析

6.4.1　A^6 企业追赶过程中网络节点与组织学习平衡模式的演化

构建必要知识基阶段（2001～2004 年）：A^6 企业是由一家信息技术有限公司整体变更而来的，其敏锐地抓住了信息技术（IT）业内创新地推出嵌入式 DVR 的机遇，步入安防行业。在本身就具备了信息技术相关的必要知识基的基础上，A^6 企业主要采取自主研发的方式，围绕嵌入式数字 DVR 开发技术进行新产品开发，逐步成为业内 DVR 产品的主流供应商。

变革阶段（2005～2008 年）：在持续致力于嵌入式技术研发的基础上，A^6 企业开始转型，向技术的前后端延伸。在组织内部保持持续探索和利用的同时，以技术中心为平台，开启“走出去学习”的模式，主要通过短期技术转让或项目主导的技术攻关活动来学习已有的相关成熟技术，加深和拓展初始知识基，成功上市并转型为数字化、网络化、智能化安防的全面解决方案提供商。

构建复杂知识基阶段（2009 年至今）：以上市为契机，开始二次创业，立足创新，向多维业务向纵深拓展，A^6 企业开始主导构建以全新技术创新为目的的全球创新网络。与变革阶段主要通过内部探索和利用的平衡，外部为了学习和利用成熟的互补性的知识进一步进行技术追赶的目的不同，A^6 企业开始通过与产学研和国际巨头的探索式学习，以及继续、加深和拓展与国内产业链上下游企业的利用式学习实现了外部组织学习的二元平衡，并且以技术中心为平台，实现了基于联合实验室、项目合作等方式的内外部探索和利用的平衡。A^6 企业每年近 10% 的销售收入投入研发，现拥有 3 000 余人的研发技术团队，创造众多行业和世界第一。拥有及获得受理专利 468 项，其中拥有发明专利 25 项，连续 6 年入选《A&S》“全球安防 50 强”（2013 年位列前十），2013 年埃信华迈（IHS）机构权威报告全球安防视频监控市场占有率位列第二，全球 DVR 市场占有率位列第二（见图 6.1）。

6.4.2　B^6 企业技术追赶过程中网络节点与组织学习平衡模式的演化

构建必要知识基阶段（1991～2000 年）：公司成立初期，企业主要从事汽车链条的制造、国内外的销售以及 OEM，通过收购外部链条产业相关技术的子公司、分厂或者新建工厂，逐步建立技术功能区块，构建起企业在链条制造初始生产技术，但并未真正开始链条技术的基础研发活动。在与国外的接触学习过程当中，意识到技术创新的重要性后才开始投入资源进行汽车链条相关的技术基础研发活动。在企业缺乏自主研发能力又对创新有迫切渴求的前提下，B^6 企业与吉林工大链传动所共同组建了“汽车链传动研究所”，这是中国的第一个汽车链条研究所，主要以通过利用式学习掌握基础的汽车链条技术研发技术为主。

变革阶段（2001～2008 年）：通过并购以及聘请国外专业技术人员基础上的自主研发，以及国内外合资企业技术引进基础上的自主研发拓展链条领域，B^6 企业开始由零件制造向主机配套和专机设计制造过渡。为了弥补企业在其他领域知识的不足，企业开始与国内众多高校和研究机构建立技术合作关系，学习链条研发知识。此外，由于不同下游客户对链条具体技术参数的需求不同，为了与下游客户的产品进行技术上的精密配套，企业开始与下游企业进行初步的技术攻关合作。

构建复杂知识基阶段（2009 年至今）：在一定的技术实力支撑下，B^6 企业并

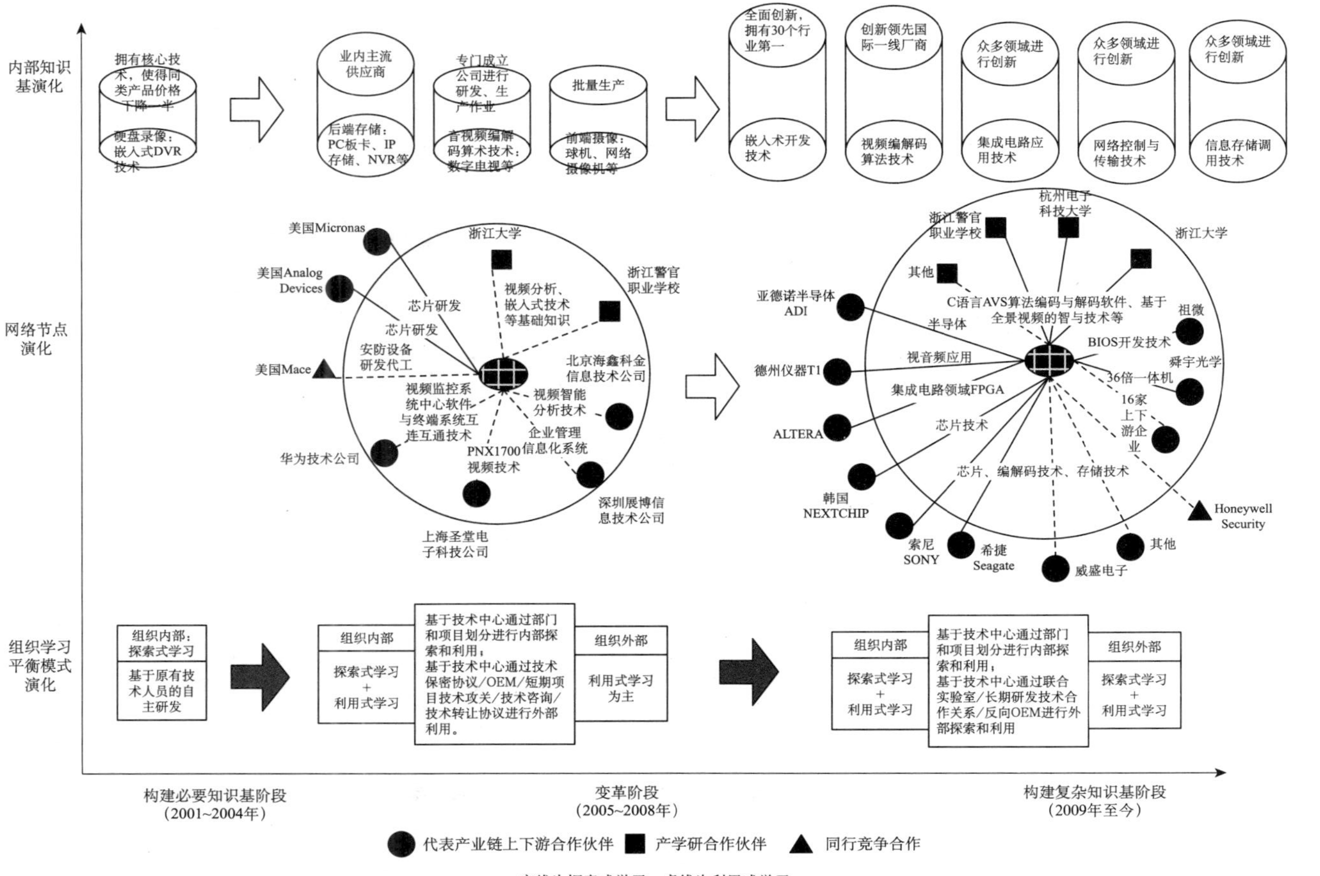

图 6.1　A6 企业追赶过程中的网络节点与组织学习平衡模式的演化

购了德国的 KOEBO 公司和日本 EK 公司，加深和拓展已有知识基，也为其与国内外众多优秀的高校和研究机构进行前沿新技术的探索提供了基础。产品线的拓宽以及技术知识的进一步加深，更为其带来了更多的优质客户，同时也为其更好地参与供应链技术整合提供了机会，使得 B^6 企业在其从事的汽车链条、板式链、输送链中所累积的技术知识达到了世界领先水平，至今已累计开发 8 000 多个品种、10 000 多种规格的链条，各类有效自主专利 52 项；汽车分动箱哈瓦式高速齿形链、航空链填补了国内空白，技术达到国际水平，取代了进口；连续多年作为中国链条行业唯一的企业代表，参加国际链条链轮标准（ISO/TC100）国际链条标准的制订和修改（见图 6.2）。

6.4.3 C^6 企业的技术追赶过程中网络节点与组织学习平衡模式的演化①

构建必要知识基阶段（1980 ~ 1998 年）：C^6 企业最初主要聚焦于机油冷却器技术的积累和发展，由于最初在热交换器行业知识累积的空白。C^6 企业一开始就选择合作研发战略来开发学习已有的冷却器技术，同时在为国内的合资公司配套的过程中，学习外国工程判断标准和质量前期策划的一系列知识，逐步从刚涉入行业的新企业发展成为行业的优秀企业。

变革阶段（1999 ~ 2005 年）：在机油冷却技术知识累积达到行业主导地位的同时，C^6 企业开始拓展技术领域，并且并购了上海创斯达作为银轮旗下的子公司。在进一步加强内部新产品开发和新技术探索的同时，为了进一步加深自身的知识基础，更好地与客户企业配套，C^6 企业开始与更多的客户企业进行技术合作进行新产品开发。

构建复杂知识基阶段（2007 年至今）：聚焦于热冷却技术，C^6 企业进一步将技术板块延伸到总成模块及系统。为了弥补公司新进入的相关细分领域时技术上的不足，以及保持原有技术领域新产品的开发和探索，C^6 企业与高校开始保持长期的技术合作关系，探索新前沿技术，同时与更多的国内外优秀配套企业进行技术合作，开发新产品和新市场，使得银轮的研发能力不断增强，与国际同行的差距越来越小，其中，SCR 在技术方面已达到全球中上水平，EGR 部分性能已经超过了国际领先水平；计算流体力学（CFD）分析已达到国内主机厂的同步开发要求，接近国际同行水平（见图 6.3）。

① C^6 成立于 1958 年，主要生产、销售农业机械，于 1980 年首次试制成功银焊机油冷却器后开始进入热交换器行业，因此，本书主要探讨其 1980 年进入热交换器行业后的技术追赶过程。

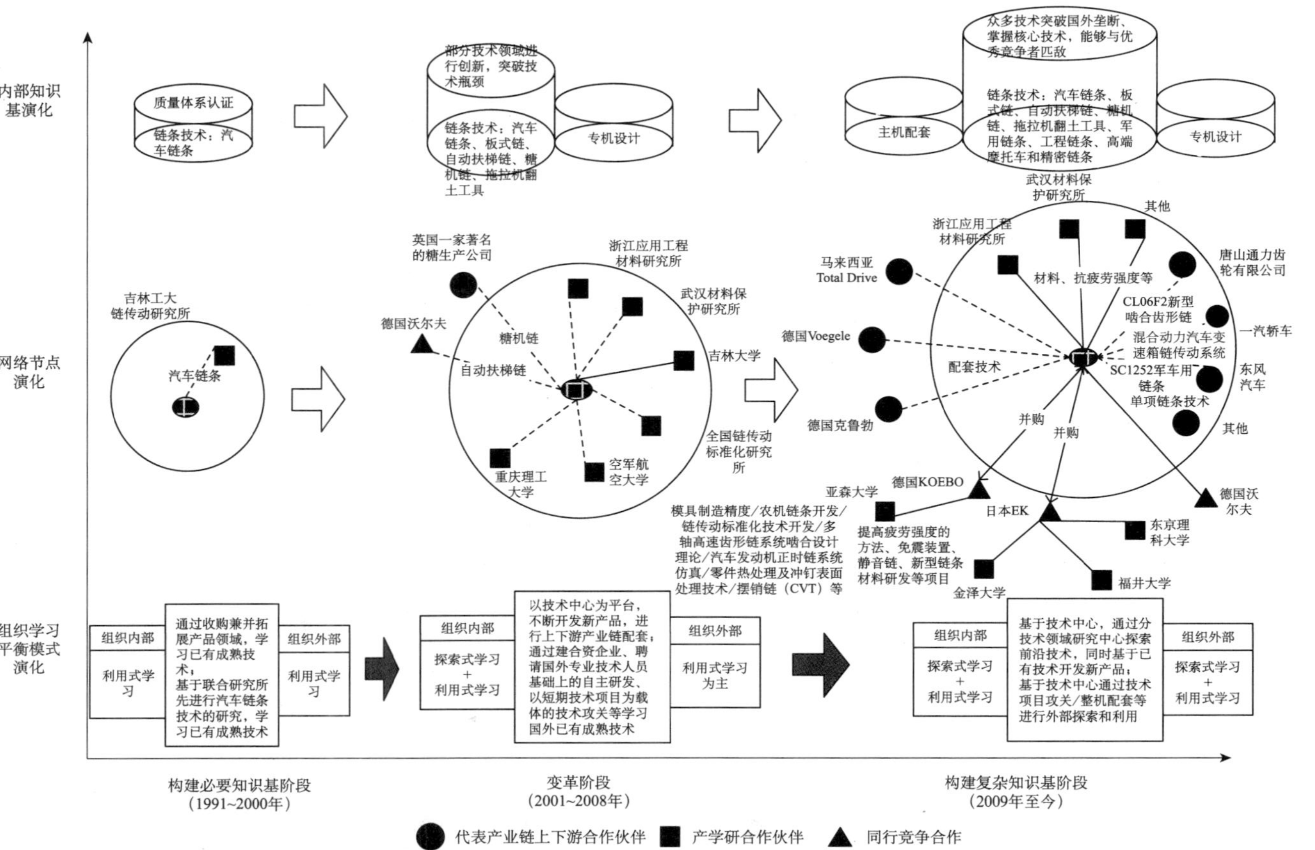

图 6.2　B[6] 企业技术追赶过程中的网络节点与组织学习平衡模式的演化

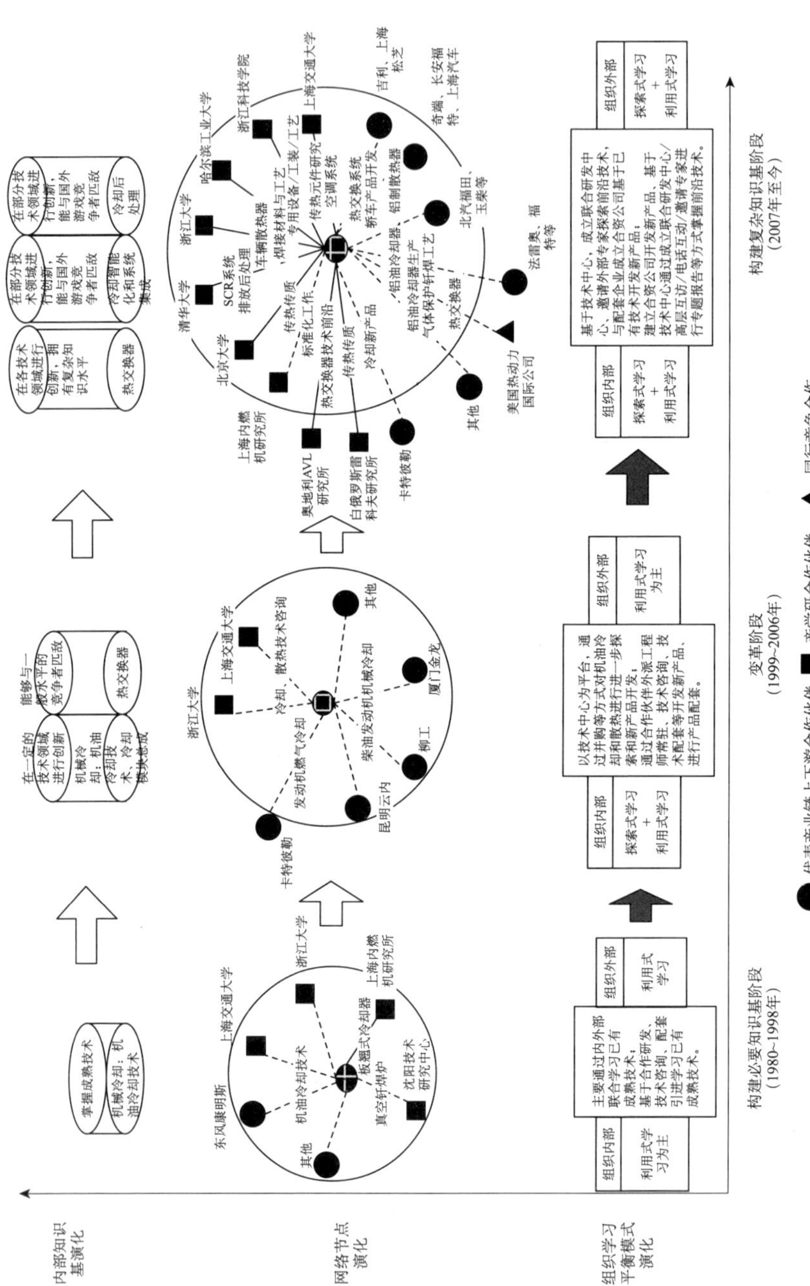

图6.3 C企业技术追赶过程中的网络节点与组织学习平衡模式的演化

6.5　跨案例分析

通过案例内分析，结合不同的变量测度，对 3 家案例企业不同阶段的各个变量进行编码赋值，见表 6.3。

表 6.3　　案例企业内部知识基、创新网络构成、组织学习与追赶绩效编码

技术追赶过程		构建必要知识基阶段			转型阶段			构建战略能力阶段		
案例企业		A^6	B^6	C^6	A^6	B^6	C^6	A^6	B^6	C^6
内部知识基	宽度	低	低	低	中	低	低	高	中	中
	深度	中	低	低	中	中	中	高	高	高
创新网络构成	知识异质性	—	低	低	中	低	低	高	中	中
	知识质量	—	低	低	中	中	中	高	高	高
组织学习		内部探索、内部利用	内部利用为主	内部利用、外部利用	内部探索和利用、外部利用	内部利用和探索、外部利用	内部利用和探索、外部利用	内外部结合的探索和利用	内外部结合的探索和利用	内外部结合的探索和利用
追赶绩效		低	低	低	中	中	中	高	高	高

6.5.1　后发企业技术追赶过程中网络节点演化的差异性

跨案例的比较能够更好地分析不同组织的网络节点演化路径，得出其相似点和差异性。以往研究将后发企业技术追赶过程中的知识基发展描述为从简单知识基发展到复杂知识基的单一路径，然而，通过对 3 家案例企业的内部知识基宽度和深度的编码赋值，本书更进一步地发现后发企业在向技术前沿转型的过程中，内部知识基配置衍生出两条不同的路径：一条是聚焦于传统制造业的单体技术发展的路径；另一条是聚焦于新兴制造业的系统技术发展的路径。同时，基于不同的知识基发展路径，通过知识异质性和知识质量两个维度来刻画网络节点特征的差异性可知，聚焦于单体技术发展路径的企业所构建的创新网络更收敛，即围绕企业少数的核心技术，同时所能接触到的合作对象的知识质量更高，从而更好地提升追赶绩效；而聚焦于系统技术发展路径的企业所构建的创新网络更发散，即基于企业多项核心技术都有相应的合作，同样所能接触到的合作对象的知识质量更高，从而更好地提升追赶绩效。

具体而言，单体技术往往是复杂产品（complex product）中一项独立的部件技术，由于复杂产品不同部件或要素间要求不同技术领域内的基础知识，知识和认知的距离相对较大，从独立部件向系统部件的发展和延伸相对来说更加困难，但又要求独立部件与相配套的供应商客户等上下游组织有密切的合作，典型的如电脑、机动车辆等需要众多亚部件组装而成的复杂产品，对更多的部件和要求有掌控力的企业更有话语权和主导优势（Miller，et al.，2007；Xiao et al.，2013）。虽然我国有诸多涉及传统的复杂产品制造的大型企业，但由于国外领先企业在这些相关性较小的部件技术上所积淀的深厚的技术知识和整合能力，形成了“技术封锁”，使得后发企业在传统复杂产品上实现对国外领先企业的赶超变得尤其困难，跨越技术距离相差较大的部件要素成本也越高，所以目前在传统制造业实现向技术前沿转型的后发企业更多的是聚焦于单体技术的发展，在参与复杂产品制造企业主导的价值网络中，聚焦于自身核心技术的持续更新和发展，更好地与下游产品兼容配套，从而实现向竞争前沿的转型。

此外，伴随着现代化信息技术的发展，延伸出一批新兴的制造业，使得后发企业从系统技术层面实现对国外领先技术企业的追赶成为可能，典型的例如华为、联想、大华等。与传统制造业的复杂产品制造类似，新兴复杂产品的制造同样需要跨技术领域的多种技术模块间的协同，但新技术的兴起使得后发企业能够从一开始就保持学习领先技术的步伐，通过逐步的技术知识积累跨入技术相关模块，从而形成系统的技术集成，输出高质量的复杂产品。由于复杂产品制造的企业牢牢把握市场端，从而能够构建起占主导地位的全球化创新网络，获取能够与自身广泛知识基相匹配的丰富的网络知识，从而实现向技术竞争前沿的转型。

6.5.2 后发企业技术追赶不同阶段的网络节点与组织学习平衡模式

聚焦于不同知识基配置发展路径的后发企业，在不同的发展阶段构建的节点组织属性、连接方式以及组织学习模式上呈现出一定的相似性，两者逐步演化，最终形成不同的内部知识基和网络节点耦合的架构类型。以往的研究指出，在后发企业技术追赶的过程中，企业网络逐步从小规模、低成员组织异质性、强弱交替的网络转向大规模、高成员组织异质性的二重网络（弱连接比例在1/3～2/3），且网络模式下的组织学习平衡模式从间断型逐步转向双元型（彭新敏等，2011）。从网络节点来看，本书的结论进一步显示，虽然成员异质性逐步提升，但从知识异质性的角度看，不同企业的网络成员构成的知识异质性仍存在差异，聚焦于单体技术发展的后发企业构建的网络节点知识异质性相对较低，聚焦于系统技术发展的则知识异质性相对较高。此外，虽然有的企业最初构建的网络节点就包含国际领先企业，但主要是以 OEM 等方式为主，实际上能接触到的知识的质量相对较低。因此，联合知识异质性和知识质量两个维度，后发企业技术追赶过程中的企业网络逐步从低知识异质性和知识质量转向高知识异质性和高知识质量，但知识异质性程度仍存在较大差异。从组织学习平衡模式来看，本书进一步发现，后发企业逐步从组织内部模式的双元平衡转向组织内部和外部模式相结合的双元型平衡。

基于表 6.3 对 3 家案例企业的内部知识基、网络节点、组织学习和追赶绩效的编码以及案例内分析，得出后发企业技术追赶的具体路径（如图 6.4 所示）。

（1）在构建必要知识基阶段，企业都聚焦于核心的单体技术进行不断地深入，一般知识基宽度和深度都不高（但 A^6 企业一开始就具备技术人员和技术基础，在该阶段知识基深度相对较高）。在该阶段，企业拥有更强的内部研发导向，通过自主研发或者并购的方式辅以获取简单的网络资源构建必要的知识基，主要是获取与自身单体技术紧密相关的技术知识为主，同时节点组织主要为同领域的大学或研究机构以及国外同行企业。但在该阶段，企业内部研发和外部合作均以学习已有的成熟技术为主（A^6 企业在学习已有嵌入式技术的基础上进行了技术创新），通过内部并购、聘请外部专家、基于外部技术咨询、替国外领先企业 OEM 的方式进行利用式学习，学习生产和管理知识，实现成本控制、设备更新等，并且逐步成长为在国内行业能够与竞争者竞争的企业。

（2）在变革阶段，后发企业会依据不同的战略需求开始对知识基进行不同的配置，有的企业在具备相关能力的基础上会向相关技术领域拓展形成复杂的系统技术，有的企业则继续加深原有单元技术的发展，将其应用到更多的产品子领域。在前期构建了必要知识基的基础上，后发企业已经积累了生产、降低成本、改造设备以及在少数技术领域进行创新的能力，以技术中心这一组织结构为核心，开始开展新技术的探索以及成熟技术的进一步的新产品开发。必要知识基的构建使得企业具备了一定的吸收能力，因此，在节点选择上，企业仍然会与大学和研究机构进行技术合作，同时会更多地与产业链上下游合作伙伴进行配套的技术合作。在这一阶段，企业逐渐开始向复杂知识基过渡，具备了一定的创新能力，以企业技术中心为平台，开始开展与学校和研究机构进行前沿技术的探索，并且基于已有成熟技术与产业链上下游进行配套的新产品开发。在这一阶段，企业基于技术中心实现了内部探索式学习和利用式学习的双元平衡，并且基于短期的技术攻关项目等制度安排方式进行外部的利用式学习，企业有的技术已经能够达到世界级水平，并奠定行业领先的地位。

（3）在构建复杂知识基阶段，后发企业在更多的领域能够开展技术创新，且众多技术达到了与世界领先企业相竞争的地位，这不仅提升了其对更优质合作伙伴的吸引力，而且增强了网络控制权和话语权。同时，以往合作的经验一方面会促使企业与原合作伙伴进行更多元化和深层次的合作，另一方面也会增加网络的相对稳定性。在这一阶段，企业有能力并购国外优秀的同行企业，较好地获取、吸收和整合这些被并购技术。在增加新的国际优秀合作伙伴进行差异化技术知识共享的同时，与原有合作伙伴进行组织学习的方式也由简单的专家咨询交流、配套技术联合攻关等转向直接在国外设立研发中心与或者直接在本地设立中外联合实验室来与国外优秀企业进行探索式学习，探索前沿技术，以及进行利用式学习进行新产品开发，并且中方企业主导技术合作过程，享受绝大部分知识产权。以技术中心为平台，结合各项联合实验室、研究中心等组织结构，形成了完善的机制来保证内外部结合的前沿技术的探索以及基于成熟技术的新产品开发。因此，这一阶段企业通过构建全球化的创新网络更好地实现了向技术前沿的转型。

进一步地，本书发现，后发企业在发展自身知识基时，可以在不同阶段通过并购、自主研发以及合作研发来拓展企业自身的技术知识，并且企业自身能力越强，通过这些方式获取的价值越大。相应地，从企业网络节点组织类型来看，基于科学的产学研合作（Kapoor & McGrath，2014）始终贯穿企业技术发展的所有阶段，一方面是因为高校与研究机构涉及技术发展的基础理论阶段，通过与企业建立关系可以更好地将理论与实践结合起来；另一方面是因为在企业自身技术基础薄弱时，高校与研究机构是很好的求助对象，随着自身技术的增长，同样需要通过与高校与研究机构保持密切的联系，用来获取技术前沿信息，更好地为企业持续技术创新提供养料。但是，具体的合作模式以及合作内容会随着企业自身知识基宽度和深度的增加而更具多样性和丰富性。同样地，当企业由简单知识基向复杂知识基过渡，并且知识深度达到一定水平时，在面对同样的国内外企业合作对象时，企业内外部知识流动也会由以往一般追赶理论所强调的技术知识溢出转移到双方的技术知识共享，并且企业的话语权和主导权会逐步加强。

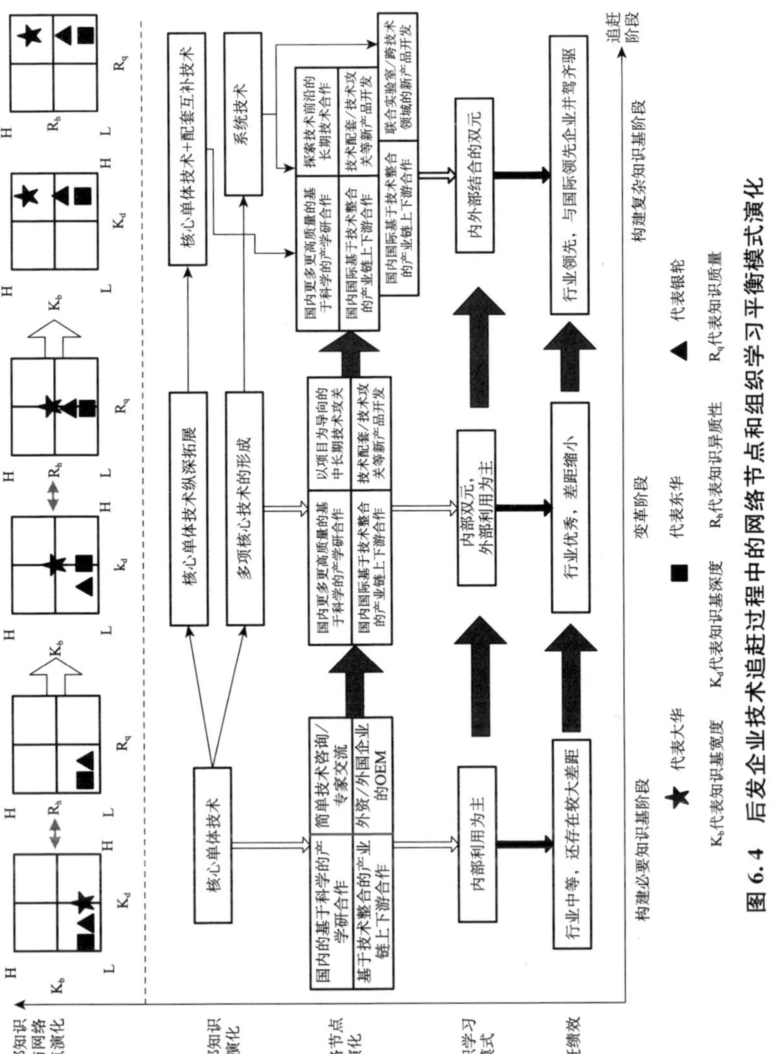

图 6.4　后发企业技术追赶过程中的网络节点和组织学习平衡模式演化

6.6 本章小结

本书通过对 3 家成功向技术前沿转型的后发企业技术追赶过程中网络节点和组织学习平衡模式演化的分析发现：（1）基于内部知识基宽度和深度，后发企业从简单知识基发展到复杂知识基的过程中会战略性地选择不同的知识基发展路径；（2）网络节点布局随着知识基的发展呈现出相应的变化；（3）基于组织内部的开发式学习，组织学习平衡模式逐步从组织内部的双元型过渡到内外部结合的双元型。

第7章　结论与展望

7.1　研究结论

本书围绕“后发企业如何构建有效的创新网络进行技术追赶”这一核心问题，从知识的视角出发，探讨了企业内部知识基（知识基宽度/深度）和外部创新网络构成（知识异质性/知识质量）间的匹配机制，具体衍生出了四个子问题：一是企业在内部知识基的深度和宽度以及外部创新网络的知识异质性和知识质量配置上的不同所形成的不同架构类型下，能够更好地提升创新追赶绩效的架构类型是什么；二是在这些能够更好地提升创新追赶绩效的架构类型，分别通过什么组织学习方式从创新网络中获益；三是企业内部要素（战略导向）和外部要素（产业特征）又分别对这些架构类型起到什么调节作用；四是焦点企业在向能够获取高创新追赶绩效的架构类型演进的过程中，具体的路径是什么。

基于以上四个子问题，子研究一先通过案例探索的方式得出四种不同的架构类型以及具体的组织学习机制，提出初始命题；子研究二通过对21家样本企业的fsQCA分析验证了不同架构类型及具体的组织学习机制，验证了初始命题；子研究三同样基于21家样本企业探讨了内部要素（战略导向）和外部要素（产业特征）对架构类型的具体调节作用；子研究四通过对3家成功向竞争前沿转型的案例企业的分析，探讨了内部知识基和外部创新网络匹配的具体路径。研究结论如下。

（1）能够取得高创新追赶绩效的内部知识基和外部创新网络构成的架构类型。

通过子研究一的案例研究发现：第一，当企业内部知识基宽度和深度都较低时，最好配置外部知识异质性较低、深度较高的创新网络（架构类型Ⅳ）；第二，当企业内部知识基宽度较低、深度较高时，同样最好配置外部知识异质性较低、深度较高的创新网络（架构类型Ⅴ）；第三，当企业内部知识基宽度较高、深度较低时，最好配置外部知识异质性和知识质量都较高的创新网络（架构类型Ⅰ）；第四，当企业内部知识基宽度和深度都较高时，同样最好配置外部知识异质性和知识质量都较高的创新网络（架构类型Ⅱ）。

子研究二的实证研究进一步指出，当企业内部知识基宽度和深度都较低时，还可以配置外部知识异质性和知识质量都较高的创新网络来取得好的创新追赶绩效，即有5种不同的架构类型可以同样地取得好的创新追赶绩效，具体见表7.1（子研究三在战略导向和技术导向的调解下，架构类型的具体配置相同，但是要素主次不同）。因此，命题1只得到部分支持，见表7.2。

表7.1　五种能够取得高创新追赶绩效的架构类型

架构类型	内部知识基	外部创新网络构成
Ⅰ	知识基宽度高	知识异质性高
	知识基深度低	知识质量高
Ⅱ	知识基宽度高	知识异质性高
	知识基深度高	知识质量高
Ⅲ	知识基宽度低	知识异质性高
	知识基深度低	知识质量高
Ⅳ	知识基宽度低	知识异质性低
	知识基深度低	知识质量高
Ⅴ	知识基宽度低	知识异质性低
	知识基深度高	知识质量高

表7.2　具体命题及实证结果

序号	具体命题	实证结论
命题1	当企业内部知识基宽度和深度都很低的情况下，所构建的创新网络越收敛（知识异质性低），能接触到的网络知识资源质量越高，更能促进创新绩效的提升	部分支持
命题2	当企业内部知识基宽度低、深度高的情况下，所构建的创新网络越收敛，能接触到的网络知识资源质量越高，更能促进创新绩效的提升	支持
命题3	当企业内部知识基宽度高、深度低的情况下，所构建的创新网络越发散（知识异质性高），能接触到的网络知识资源质量越高，更能促进创新绩效的提升	支持
命题4	当企业内部知识基宽度高、深度高的情况下，所构建的创新网络越发散，能接触到的网络知识资源质量越高，更能促进创新绩效的提升	支持

（2）不同架构类型下的组织学习模式。

子研究一的案例结果显示，如果企业聚焦于复杂产品内部涉及技术领域知识范围相对较窄的技术发展路径，并且当其技术能力刚起步、与国际同行业技术水平差距较大时，可以通过对成熟技术溢出进行模仿、学习和复制的开发学习能够快速增加现有的技术和能力，深化和提炼企业自身知识基，引领企业快速地在单元技术上进行追赶，取得好的创新绩效；随着企业的技术水平与国际领先企业的技术水平差距逐渐缩小，知识基更复杂，通过利用式学习和探索式学习在空间上的平衡来更好地提升创新绩效。如果企业聚焦于复杂产品中涉及技术领域知识范围较广或者集合多种技术领域非相关产品的技术发展路径，并且当其技术水平相对较低、自身知识积累不足以支撑其构成核心竞争力时，可以通过对成熟技术溢出进行模仿、学习和复制的开发学习快速提升现有的技术和能力，联合提升企业的创新绩效；随着企业的技术水平与国际领先企业的技术水平差距逐渐缩小，一方面可以通过开发利用已有的成熟技术面对新老市场获得稳定的创新收益，另一方面可以通过与自身知识基相差较大且知识质量更高的合作者进行新技术和新领域的探索学习来开发新需求和新市场，通过利用式学习和探索式学习在空间上的二元平衡来保持创新绩效的持续提升。

子研究二通过对 21 家样本企业的实证分析得出的架构类型与相应的案例企业进一步对比，得出的结论与子研究一一致。因此，命题 4 ~ 命题 8 得到验证。具体见表 7. 3。

表 7. 3　具体命题及实证结果

序号	具体命题	实证结论
命题 5	当企业内部知识基宽度和深度都很低，所构建的创新网络收敛，且接触到的网络知识资源质量高的情况下时，企业通过利用式学习能够更好地提升创新绩效	支持
命题 6	当企业内部知识基宽度低、深度高，所构建的创新网络收敛，且接触到的网络知识资源质量高的情况下时，企业通过探索式学习和利用式学习的二元平衡能够更好地提升创新绩效	支持
命题 7	当企业内部知识基宽度高、深度低，所构建的创新网络发散，且接触到的网络知识资源质量高的情况下时，企业通过利用式学习能更好地提升创新绩效	支持
命题 8	当企业内部知识基深度和宽度都很高，所构建的创新网络越发散，且接触到的网络知识资源质量越高的情况下时，企业通过探索式学习和利用式学习的二元平衡能够更好地提升创新绩效	支持

（3）战略导向与产业特征对架构类型的调节作用。

子研究三显示，企业战略导向会影响企业构建网络过程中的注意力以及资源的分配状况（Li，2005），从而影响企业从创新网络中获益机制的强弱，进而影响焦点企业的绩效。产业特征会影响企业从内部知识基和创新网络中获益的机制，从而影响不同架构类型对创新追赶绩效的关系。结论显示，战略导向和产业特征均会对不同架构类型与创新绩效间的关系产生调节作用，假设 1 和假设 2 成立，具体见表 7.4。

表 7.4　　调节效应的假设及实证结果

序号	具体假设	实证结论
假设 1	后发企业自身的战略导向会调节焦点企业配置内部知识基和创新网络构成形成的不同架构类型从特定的创新网络中获取的收益	支持
假设 2	后发企业所处的产业特征会调节焦点企业配置内部知识基和创新网络构成形成的不同架构类型从特定的创新网络中获取的收益	支持

研究结论显示，战略导向和产业特征会对不同的架构类型与创新追赶绩效间的关系产生调节作用。其中，战略导向对架构类型的调节作用主要体现在：第一，当企业技术导向和市场导向均较高时，架构类型Ⅰ/Ⅱ/Ⅲ/Ⅴ对创新追赶绩效的作用更显著。第二，当技术导向相比于市场导向更高时，架构类型Ⅱ对创新追赶绩效的作用更显著。第三，当市场导向相比于技术导向更高时，架构类型Ⅳ对创新追赶绩效的作用更显著。产业特征对架构类型的调节作用主要体现在：一方面，对于处于技术变化迅速、与国外技术差距并不是特别大的产业中的企业而言，架构类型Ⅰ/Ⅱ对创新追赶绩效的作用更显著；另一方面，对于处于技术变化较慢、与国外领先企业技术落差较大的企业而言，架构类型Ⅲ对创新追赶绩效的作用更显著。

（4）焦点企业配置内部知识基和外部创新网络的具体路径。

由于企业在不同阶段所具备的知识基特征不同，所构建的创新网络构成内容也会随之变化，两者相互作用，逐步演化形成相匹配的架构类型，通过时间和空间上保证组织学习的二元平衡而实现向竞争前沿的转型。通过对 3 家案例企业内部知识基和外部创新网络的具体演化分析，得出如下结论：第一，基于内部知识基宽度和深度，后发企业在从简单知识基发展到复杂知识基的过程中会战略性地选择不同的知识基发展路径；第二，网络节点布局随着知识基的发展呈现相应的变化；第三，基于组织内部的开发式学习，组织学习平衡模式逐步从组织内部的双元型过渡到内外部结合的双元型。

后发企业在向技术前沿转型的过程中，内部知识基配置衍生出两条不同的路径：一条是聚焦于传统制造业的单体技术发展的路径；另一条是聚焦于新兴制造业的系统技术发展的路径。同时，基于不同的知识基发展路径，通过知识异质性和知识质量两个维度来刻画网络节点特征的差异性可知，聚焦于单体技术发展路径的企业所构建的创新网络更收敛，即围绕企业少数的核心技术，同时所能接触到的合作对象的知识质量更高，从而更好地提升追赶绩效；而聚焦于系统技术发展路径的企业所构建的创新网络更发散，即基于企业多项核心技术都有相应的合作，同样所能接触到的合作对象的知识质量更高，从而更好地提升追赶绩效。

在构建必要知识基阶段，后发企业拥有更强的内部研发导向，在自主研发或聘请外部专家等方式的基础上以利用式学习为主，学习已有成熟技术，首先积累生产、设备改造等初始能力。在变革阶段，后发企业的内部研发逐渐转向基于已有成熟技术的新产品开发和对前沿技术或跨领域技术探索相结合的组织学习双元平衡上，并且开始与合作伙伴进行技术配套、技术攻关等新产品开发，部分技术能够与竞争者匹敌。在构建复杂知识基阶段，后发企业以技术中心为平台，搭建了完善的内外部合作的创新体系，实现组织内和组织间结合的组织学习双元平衡，在众多技术领域实现对领先企业的追赶，从而向竞争前沿转型。

进一步地，后发企业在技术追赶过程中，在不同阶段通过并购、自主研发以及合作研发来拓展企业自身的技术知识，并且企业自身能力越强，通过这些方式获取的价值越大。相应地，从企业构建的创新网络成员类型来看，基于科学的产学研合作（Kapoor & McGrath，2014）始终贯穿企业技术发展的所有阶段，一方面是因为高校与研究机构涉及技术发展的基础理论阶段，通过与企业建立关系可以更好地将理论与实践结合起来；另一方面是因为在企业自身技术基础薄弱时，高校与研究机构是很好的求助对象，随着自身技术的增长，同样需要通过与高校与研究机构保持密切的联系来获取技术前沿信息，更好地为企业持续技术创新提供养料。但是，具体的合作模式以及合作内容会随着企业自身知识基宽度和深度的增加而更具多样性和丰富性。同样地，当企业由简单知识基向复杂知识基过渡，并且知识深度达到一定水平时，在面对同样的国内外企业合作对象时，企业内外部知识流动也会由以往一般追赶理论所强调的技术知识溢出转移到双方的技术知识共享，并且企业的话语权和主导权会逐步加强。

7.2　理论贡献

7.2.1　贡献于后发企业技术追赶的研究

（1）通过回答“后发企业如何构建有效创新网络”这一问题，从一定程度上建立了后发企业技术追赶文献与战略管理文献间的对话。

在现有研究中，后发企业技术追赶往往被视为一个孤立的过程，后发企业技术追赶理论涉及组织学习、组织间连带、制度影响等重要方面，但缺少明确的理论基础（Hobday，2005；江诗松等，2012），这样就无法与以建立企业竞争优势为主要议题的战略管理文献建立对话，从而限制了其理论意义（Mathews，2002；江诗松等，2012）。目前，有研究逐渐聚焦于资源观、社会网络理论等来探索后发企业通过结网等活动进行追赶的新现象，但仍然存在两方面不足，一是忽略以合作伙伴集合为对象特征的创新网络建构问题（魏江等，2014），二是忽略了合作伙伴质量对于后发企业内外部资源协同中的作用。针对以上两点，本书基于网络资源观（有时也被称为拓展的资源观，是桥接传统资源观与社会网络理论来探讨网络情境下企业竞争优势来源的新视角），从内部知识基宽度和深度两方面来刻画焦点企业自身特征，从知识异质性和知识质量两个维度来刻画外部创新网络节点（群）的特征，聚焦于后发企业技术追赶的具体情境，详细探讨了焦点企业如何通过构建匹配的有效的创新网络进行技术追赶，获取好的创新追赶绩效这一关键战略性议题，将后发企业技术追赶这一具体的现象与网络资源观等具体的理论结合起来，并且与创新网络构建这一重要战略议题结合在一起，搭建起了后发企业技术追赶的具体现象与战略管理理论和实践之间的对话。

（2）考察了后发企业通过创新网络向技术前沿转型的过程，丰富了后发企业基于对领先企业的技术溢出进行模仿创新的追赶理论。

以往对于后发企业技术追赶的研究多聚焦于对成熟技术溢出的模仿学习这一过程，很少有学者关注后发企业向技术前沿竞争转型的具体过程（Dutrénit，2004；江诗松等，2012）。本书通过对 3 家成功向竞争前沿转型的企业具体能力追赶路径的分析，探讨了后发企业如何通过选择合适的节点（群）来获取更高的创新追赶绩效的问题。结果显示，在特定的环境中，后发企业要实现向竞争前沿的转型，其内部知识基配置以及相应的创新网络配置都需要做出一定的选择，在技术动荡性更高的新兴产业中，在不断积累技术水平和技术复杂度并达到一定程度后，拓展自身知识基使得产品本身能够直接接近市场更有利于其向竞争前沿转型。而对于技术变化缓慢的传统产业，后发企业聚焦于技术距离较近的特定产品部件，不断积累技术水平和技术复杂度，同样能够实现向竞争前沿的转型。通过对后发企业技术追赶过程中组织学习平衡模式的演化，拓展了以往聚焦于后发企业技术追赶情境下在单一模式内考察组织学习平衡模式的研究。以此，通过对后发企业在不同阶段配置内部知识基和外部创新网络和相应组织学习平衡模式的演化的探讨，丰富了以往对后发企业基于技术溢出进行模仿学习的追赶理论。

（3）聚焦于后发企业技术追赶的特殊情境，总结了后发企业构建组织学习二元性的具体路径，深化了基于组织学习视角的后发企业技术追赶研究。

对于后发企业技术追赶的研究，最先便主要聚焦于组织学习的视角，探讨了跨国企业在后发企业技术追赶过程中扮演的作用，但更重要的是聚焦于后发企业自身努力这一相对封闭的角度来提升技术能力。基于组织学习的视角主要研究后发企业如何在自由贸易、国际代工、吸引 FDI 等手段下通过“干中学”的方式进行学习，跨国公司在后发企业学习的过程中起到了重要的作用，通过加强与发达国家企业的沟通和联系以及密切合作过程、通过对其技术溢出的模仿学习到利用式学习到探索式学习逐步提升后发企业自身的技术能力。新兴经济体中的后发企业在与跨国公司连带的很长时间内，都只是对跨国公司的技术溢出进行模仿学习，并未形成利用式学习的能力。随着技术引进积累和消化吸收逐步形成一定的技术能力后，才能进行利用式学习。有的研究聚焦于对跨国企业技术溢出的模仿学习过渡到利用式学习的阶段（Mathews，2002；吴勇志、范黎波，2011），有的研究则聚焦于自主创新能力的形成等（郭熙保、文礼朋，2008）。随着组织学习研究的进一步深入，越来越多的研究开始关注如何取得探索与学习之间的平衡，这一平衡视角主要是嵌入在二元性组织概念中的。正是由于他们相互竞争稀缺资源，且又对组织生存和发展至关重要，因而探索和利用之间的权衡非常有必要。以往的研究认为，后发企业由于资源稀缺，更适合采用时间分隔的方式取得探索式学习和利用式学习的平衡，然而，在网络情境下，丰富的网络资源（Lavie & Rosenkopf，2006）为后发企业同时采用探索式学习和利用式学习提供了可能。彭新敏等（2011）通过案例研究发现，后发企业在创新网络构建过程中逐步从间断型平衡模式（即时间分隔）转向双元型平衡模式（即空间分隔）。同时，彭新敏和吴东（2013）通过案例研究的方式进一步发现，后发企业主要通过在不同的价值链功能上构建多样化的合作伙伴来取得二元性。本书在这些研究的基础上，通过对 3 家成功向竞争前沿转型的后发企业的分析，聚焦于组织内和组织间合作两种模式，得出基于组织内部的开发式学习，组织学习平衡模式逐步从组织内部的双元型过渡到内外部结合的双元型，深化了基于组织学习视角的后发企业技术追赶研究。

7.2.2　贡献于合作伙伴选择的研究

（1）区别于以往基于特定合作对象以及二元层次合作伙伴选择的研究，本书从网络层次综合考虑了合作伙伴（群）的选择问题，深化了合作伙伴选择的研究。

现有对合作伙伴选择的研究基本聚焦于二元层次或者单类别联盟层次，例如高校和研究机构（Freitas et al.，2013）、产业链（Mahapatra et al.，2010）、国际合作伙伴（Roy & Oliver，2009）等，探索焦点企业本身或者被选择合作对象本身的特征以及双方共同特征对合作伙伴选择的影响。由于很多企业的合作伙伴涵盖了高校、研究机构、企业等各类型组织，这样就很难从网络层次来回答企业如何通过选择不同资源属性的合作伙伴来构建有效的创新网络这一问题。本书具体从知识异质性和知识质量两个维度刻画了外部合作伙伴（群）的特征，从网络层次来回答了焦点企业如何依据自身内部知识基特征选择合适的合作伙伴（群）的问题，并且从外部知识异质性的角度刻画了合作伙伴选择和知识组合的共演情况，综合考虑了企业的合作对象，从网络层次综合考虑了合作伙伴（群）的选择问题，深化了合作伙伴选择的研究。

（2）将合作伙伴选择的结果与具体的绩效联系在一起，能够与合作伙伴选择行为研究结合，进一步深化企业构建有效创新网络的研究。

现有研究基本都集中于合作伙伴选择行为上，将行为结果分为三类：一是选择不同类型的合作伙伴，一般为高校、科研机构、产业链合作伙伴和竞争对手；二是结合合作伙伴自身的特征考察合作伙伴选择呈现的具体模式；三是从网络层面划分的网络变革和网络稳定性，但是很少将其与绩效等结果联系在一起（郝斌等，2014），且较少研究企业应该如何构建有效的网络（魏江等，2014），企业间合作中的关于合作伙伴选择的理论仍然十分薄弱，需要更多特定情境下的研究为管理者提供更中肯的建议。本书聚焦于合作伙伴（群）的选择问题，采用架构的视角，首先探讨了不同内部知识基特征下的焦点企业，通过选择什么样的合作伙伴（群）可以获得好的创新追赶绩效；其次探讨了焦点企业随着自身知识基特征的变化，选择合适的合作伙伴（群）进行技术追赶的具体路径。以取得好的创新追赶绩效为核心，本书探讨了依据不同内部知识基特征选择合作伙伴（群）的架构和具体路径，以及企业内部要素（战略导向）和外部要素（产业特征）对合作伙伴（群）选择的影响，从而将合作伙伴（群）的选择与创新追赶绩效联系在了一起，进一步深化了合作伙伴选择的研究。

7.2.3 贡献于创新网络的研究

（1）借鉴网络资源的视角，聚焦于创新网络研究的内容流派，弥补了一般基于社会网络研究视创新网络节点为均质的不足。

以焦点企业的自我中心网络为主要对象，以往基于社会网络理论的研究主要以既定的创新网络为背景，从网络结构或/和关系属性来探讨其对焦点企业行为和绩效的影响。这两个流派的研究都将网络节点视为均质的，虽然表明了焦点组织在开发网络提供的机会上有不同的能力，却仍不能回答为什么同样的结构和关系可能会产生不同的影响这一问题。基于内容流派的研究都关注于节点异质性问题，并且研究结论并不一致，基于资源观的研究显示对创新绩效的正向促进作用，而基于交易成本的解释则显示负向抑制作用。本书采用网络资源观这一视角，弥补了以往研究视节点为均质的不同，同时考虑了内外部资源的协同所对应的节点内容对创新绩效的作用，结论显示，节点异质性的具体作用要参考企业内部资源特征。具体而言，网络资源观作为桥接传统资源观与社会网络理论的桥梁，既拓展了资源观（释放了资源必须为企业所有这一假设），同时又对社会网络理论视节点为均质这一缺陷做了补充。如果考虑企业合作者的资源，网络资源观通过聚焦于网络的构成，即合作者的具体资源属性，提供了新的视角，区分了网络结构、关系本质以及通过这样的网络连带进行流动的网络资源。使得研究者能够考虑合作者的资源禀赋的构成和贡献，研究这些资源的总体特征，分析网络资源与企业内部资源整合的协同性，推测资源流以及价值独占（Lavie，2006）。因此，本书聚焦于节点（群）构成的创新网络的知识异质性和知识质量，以节点间不同的资源禀赋特征为核心，从网络构成的角度深化了以往基于社会网络理论对创新网络的研究。

（2）从宏观视角刻画创新网络节点异质性，深入到微观层面的网络架构分析，揭示了后发企业的内部知识基、外部创新网络架构与创新追赶之间的深层次内在联系以及企业内部要素（战略导向）和外部要素（产业特征）带来的影响。

对节点异质性的呼吁使得一些学者开始聚焦于网络构成的具体内容来研究企业所嵌入的网络对企业行为和绩效的影响，但是目前主要聚焦于网络节点的异质性特征上，而单从异质性本身还不足以完全刻画出网络构成内容的全部特征，因为相比于一群乌合之众构成的异质性成员肯定不如一群精英构成的异质性成员能够对企业获取知识进行创新起到更好的效果，因此，还需要联合其他属性进行进一步的分析。此外，网络构成中合作者集合的多维度特征以及战略管理呈现出来的众多问题的殊途同归性，使得研究者不能单纯地从线性的角度考虑问题。现有研究仍然聚焦于合作者集合的异质性这一单一属性，且研究结论显示特定程度的异质性才有助于焦点企业取得更好的绩效，而焦点企业自身吸收能力、技术多样性等特征会对节点异质性存在正向调节作用（Baum et al.，2000；Duysters & Lokshin，2011；Wuyts & Dutta，2014）。本书从知识异质性和知识质量两个维度来更加细致地刻画创新网络特征，并且从微观层次（企业层次）探索了企业内部知识基和外部创新网络的架构与创新追赶绩效之间的深层次关系，以及企业内部要素（战略导向）和外部要素（产业特征）对这一关系带来的影响，并探索了具体的路径，进一步深化了创新网络构成的研究。

7.3 管理意义

本书对管理者重构合作研发努力提供了重要的指导，不仅是对于企业自身技术的发展，而且对于企业选择不同模式的创新网络配置提供了借鉴意义。首先，企业在构建创新网络时，需要改变其逻辑出发点。企业构建网络时需要先考虑合作伙伴所具备的资源本身，再通过设计不同的网络结构和关系结构来接触并获取到所需的资源溢入。其次，企业在构建创新网络的同时要对自己的知识资源有准确的衡量和判定，不仅需要考虑自身资源的内容广泛性，同时要考虑自身资源水平在消化、吸收外来知识上的能力。最后，管理者还需要考虑自身战略导向和外部环境特征对企业配置内部知识基和合作伙伴选择带来的影响。具体如下。

第一，当企业聚焦于复杂产品内部技术距离较近的部件产品，且技术水平还未达到较高水平时，可以考虑与外部多样化的合作伙伴合作来获取更广泛的知识，或者聚焦于特定领域与资源禀赋相对较近的合作伙伴进行技术合作，以便更好地吸收外部知识，但都需要与技术水平相对较高的合作伙伴进行合作，保证能够获取到丰富性程度更高即更有价值的外部知识。然而，当企业外部环境技术变化较缓慢时，企业最好选择与更多样化且高质量的合作伙伴进行合作。

第二，当企业聚焦于复杂产品内部技术距离较近的部件产品时，随着自身技术水平逐步积累到较复杂较高的层次，最好聚焦于特定相关领域内的高水平合作伙伴进行技术合作，这样更加可以保证企业能够撬动嵌入在网络中的知识，更好地与内部原有知识耦合重组，实现价值最大化。此外，当外部环境技术变化较缓慢，与国外技术差距较大时，后发企业也最好聚焦于特定的部件产品，不断积累技术能力，配置聚焦但高质量的创新网络，这样，一方面，不会破坏由发达国家的领先企业占领的复杂产品市场以及配套市场；另一方面，通过较高的外部知识本身的丰富程度以及提升自身对外部知识的接受能力来达到向竞争前沿的转型。

第三，当企业聚焦于复杂产品本身这一技术领域涵盖范围较广的产品制造上，其自身技术能力不足的时候，就应该开始考虑逐步拓展外部合作伙伴的多样性程度，并且尽量保证合作伙伴的高技术水平，这样，一方面，能够接触到更多样化的广泛的外部知识与企业内部本身较广泛的技术领域相重组耦合，提升创新的可能性；另一方面，高质量的外部知识丰富性更高，能给企业带来的价值更大。随着企业自身技术水平的不断提升，更加需要与多样化和高水平的合作伙伴进行技术合作，提升所能吸收和获取到的外部知识。并且当外部环境技术变化较快，且有能力跨越不同技术领域时，最好逐步拓展产品的范围，直接接触产品市场，在构建创新网络过程中也会相对占据话语权，从而更好地接触、消化和吸收高质量的外部知识，更好地向竞争前沿转型。

第四，企业在逐步提升自身内部知识基宽度和深度的过程中，需要选择不同类型和特征的合作伙伴来保证逐步构建起合适的创新网络。具体而言：在自身知识基相对较为薄弱的时候，企业选择内部研发为主积累吸收能力，辅以技术咨询和技术攻关的方式诉诸一定的国内的产学研机构，或许是相对较好地选择，只有当企业不断加深自身的知识基，企业对优质合作伙伴的吸引力才会提升，达到一定水平的时候，企业在创新网络中的话语权和掌控能力加强，才能接触并获取到更多更优质的知识溢入；也只有当企业自身在相关领域积聚一定实力后，才能吸引、获取、消化和吸收更多样化和更高质量的外部知识。因此，随着企业自身技术能力的不断提升，可以逐步与高校、研究机构等开始长期的技术合作，用以解决关键的共性技术问题、探究前沿的技术领域，通过与产业链上下游以及竞争对手进行技术配套开发新产品。

7.4 研究局限与未来展望

本书的局限性主要体现在案例选择方面。虽然结合了案例分析、fsQCA 等实证检验方式，本书得出的结论在概化方面仍需谨慎对待。本书的研究对象集中于复杂产品制造部门，主要以浙江省内的高新技术企业为样本，子研究一选取了内部知识基和外部创新网络构成存在差异的 6 家案例企业进行匹配架构的探索，子研究二和子研究三依据 fsQCA 选择样本的不同在数据获取便利性的基础上选择了 21 家样本企业，子研究四则在此基础上，选取了 3 家成功向竞争前沿转型的案例企业进行企业构建有效创新网络的具体路径分析。这四个子研究在案例选取方面存在一定的合理性，但是也存在能否代表更广范围内的后发企业构建创新网络进行技术追赶这一广泛情境的问题。

在未来研究中，第一，可以通过大样本的方式加入更多不同地区、不同类型的企业进行内部知识基和外部创新网络架构的探索，从更广泛的范围内来对本书的结论进行进一步的验证。

第二，考虑有效的全球创新网络构建过程及其机理。随着资源的全球分散以及后发企业的崛起，越来越多的后发企业从通过生产的方式嵌入全球生产网络过渡到通过掌控市场或者掌控研发核心资源的方式嵌入全球创新网络，并且越来越多的企业通过并购国外领先技术企业的方式来获取高端研发资源。但在这一过程中，一方面，目标企业的搜寻和企业自身与目标企业的匹配仍然是重要的战略决策；另一方面，在构建起合作关系或者并购企业后，如何获取目标企业的认可、整合双方的资源是切实获取网络资源提升自身创新能力的关键。因此，在全球化创新网络的背景下，考虑具体的内外部匹配关系及资源整合机理能够进一步丰富后发企业通过构建有效创新网络进行技术追赶这一核心问题。

第三，可以考虑更多因素对企业合作伙伴选择带来的影响，如国家层面以及地方层面的制度等对企业选择节点（群）带来的影响。例如，20 世纪 90 年代外资企业进入中国市场必须与中国企业合资的政策为中国企业获取先进技术溢出提供政策便利性，但随着市场化进程的加快（2013 年十八届三中全会上明确提出市场在资源配置中起决定性作用），政府在影响企业获取资源上的角色也在变化。再如，为了推进我国高技术制造业的发展，国家鼓励企业外出并购学习新技术来提升自身的技术创新能力，在这一过程中，企业所嵌入的网络所起到的推荐作用不可忽视，例如，东华链条收购德国百年链条企业 KÖBO 公司就是通过原有合作伙伴的推荐，使得东华链条的声誉能够溢出。因此，将政府纳入研究对象并且考虑制度对后发企业创新网络构建进行技术追赶的作用变化，可以为研究提供更加完整的结论。

第四，可以结合网络研究的内容和关系流派更进一步地探讨有效创新网络构建的问题。在节点（群）特征知识异质性和知识质量的基础上，后发企业选择具体的嵌入方式和构建关系对焦点企业从创新网络中获益也存在较大的影响。在同样的节点（群）基础上，焦点企业在网络中更加占据中心位置（即起到网络主导的作用，非参与，例如，海康威视、大华等构建的围绕自身系统产品设计的网络，国外的众多芯片巨头以海康和大华为中心对其配套），或者构建更加紧密的关系（双方之间有更强的认同感、关系更紧密、更加信任）等也有助于更好地接触和获取到对方的资源，从而产生更高的价值，更好地从创新网络中获益。

第五，在转型经济体这一特殊的制度情境下，国有企业和民营企业在内部知识基和创新网络配置上也存在一定的差异性。一方面，国企拥有更多的内部资源，在内部知识基配置上可以拥有更多的选择范围，同时，由于国企的标签，给外界传递了一种有利信号，例如，LED 芯片制作的台湾东贝公司之所以选择鸿雁进行合作，正是因为鸿雁的国企身份，让合作伙伴觉得是值得信任的。另一方面，在合作伙伴选择中，国企会拥有更多的（政策）资源等的倾斜，从而在网络构建过程中表现出不同的行为。因此，比较研究国有企业和民营企业在创新网络构建过程中的行为，对于丰富后发企业如何通过构建有效创新网络进行追赶就显得特别有意义。

参考文献

[1] 蔡宁，潘松挺．网络关系强度与企业技术创新模式的耦合性及其协同演化——以海正药业技术创新网络为例［J］．中国工业经济，2008，4：137－144.

[2] 方刚，胡宝亮．网络资源的分类与作用机制——基于知识转移视角的研究［J］．科学学研究，2010，28（10）：1511－1520.

[3] 方刚．基于资源观的网络能力和创新绩效关系研究［D］．浙江：浙江大学管理学院，2008.

[4] 冯军政．环境动荡性、动态能力对企业不连续创新的影响作用研究［D］．浙江：浙江大学管理学院，2012.

[5] 郭熙保，文礼朋．从技术模仿到自主创新——后发国家的技术成长之路［J］．南京大学学报（哲学．人文科学．社会科学），2008，1：28－35.

[6] 郝斌，李佳琳，万尚·弗利刚．企业间关系伙伴选择研究最新进展探析［J］．外国经济与管理，2014，36（1）：55－64.

[7] 黄学．基于组织模块化与技术模块化匹配的全球研发系统架构设计规则［D］．浙江：浙江大学管理学院，2014.

[8] 江诗松，龚丽敏，魏江．后发企业能力追赶研究探析与展望［J］．外国经济与管理，2012，34（03）：57－71.

[9] 蒋再文，王涛，江积海．后发企业技术能力提升路径及其微观机理研究［J］．华东经济管理，2011，25（7）：80－84.

[10] 李平，臧树伟．基于破坏性创新的后发企业竞争优势构建路径分析［J］．科学学研究，2015，33（2）：295－303.

[11] 梁靓．开放式创新中合作伙伴异质性对创新绩效的影响机制研究［D］．浙江：浙江大学管理学院，2014.

[12] 刘洋，魏江，江诗松．后发企业如何进行创新追赶？——研发网络边界拓展的视角［J］．管理世界，2013，3：96－110.

[13] 吕国庆，曾刚，马双，刘刚．产业集群创新网络的演化分析——以东

营市石油装备制造业为例［J］. 科学学研究，2014，32（9）：1424－1432.

［14］潘秋玥，魏江，刘洋. 企业研发网络国际化研究述评与未来展望［J］. 外国经济与管理，2013，35（8）：27－36.

［15］彭新敏，吴晓波，吴东. 基于二次创新动态过程的企业网络与组织学习平衡模式演化——海天1971～2010年纵向案例研究［J］. 管理世界，2011，4：138－149.

［16］彭新敏，吴晓波，吴东. 基于二次创新动态过程的企业网络与组织学习平衡模式演化——海天1971～2010年纵向案例研究［J］. 管理世界，2011，4：138－166.

［17］魏江，邬爱其，彭雪蓉. 中国战略管理研究：情境问题与理论前沿［J］. 管理世界，2014，12：167－171.

［18］吴晓波. 二次创新的周期与企业组织学习模式［J］. 管理世界，1995，3：168－172.

［19］吴勇志，范黎波. 基于开发性学习的后发企业创新能力形成机制研究［J］. 软科学，2011，25（7）：45－49.

［20］吴玉满，吴玉柱. 我国技术引进的问题及发展研究［J］. 当代社科视野，2008，11：33－35.

［21］肖兴志，姜晓婧. 战略性新兴产业政府创新基金投向：传统转型企业还是新生企业［J］. 中国工业经济，2013，1：128－140.

［22］萧延高，张合成，刘玮. 不同产业技术水平情境下后发企业技术追赶的机会、路径和策略——以丝丽雅为例［J］. 创新与创业管理，2013，00：75－89.

［23］杨雪，顾新，王元地. 企业外部技术搜寻平衡研究——基于探索—开发的视角［J］. 科学学研究，2015，33（6）：907－914.

［24］张妍. 战略导向、研发伙伴多样性与创新绩效［D］. 浙江：浙江大学管理学院，2014.

［25］周雪光. 组织社会学十讲［M］. 北京：社会科学文献出版社，2009.

［26］Aggarwal，R. K.，Samwick，A. A. Why do managers diversify their firms? Agency reconsidered［J］. Journal of Finance，2003：71－118.

［27］Ahuja，G.，Katila，R. Technological acquisitions and the innovation performance of acquiring firms：A longitudinal study［J］. Strategic Management Journal，2001，22（3）：197－220.

［28］Ahuja，G.，Lampert，C. M. Entrepreneurship in the large corporation：A longitudinal study of how established firms create breakthrough inventions [J]. Strategic Management Journal, 2001, 22 (6 - 7): 521 - 543.

[29] Ahuja, G., Soda, G., Zaheer, A. The genesis and dynamics of organizational networks [J]. Organization Science, 2012, 23 (2): 434 - 448.

[30] Ahuja, G. Collaboration Networks, Structural Holes, and Innovation: A Longitudinal Study [J]. Administrative Science Quarterly, 2000, 45 (3): 425 - 455.

[31] Ahuja, G. The duality of collaboration: Inducements and opportunities in the formation of interfirm linkages [J]. Strategic management journal, 2000, 21 (3): 317 - 343.

[32] Arora, A., Gambardella, A. Complementarity and external linkages: the strategies of the large firms in biotechnology [J]. The Journal of Industrial Economics, 1990: 361 - 379.

[33] Audia, P. G., Goncalo, J. A. Past success and creativity over time: A study of inventors in the hard disk drive industry [J]. Management Science, 2007, 53 (1): 1 - 15.

[34] Awate, S., Larsen, M. M., Mudambi, R. EMNE catch-up strategies in the wind turbine industry: Is there a trade-off between output and innovation capabilities [J]? Global Strategy Journal, 2012, 2 (3): 205 - 223.

[35] Baum, J. A., Li, S. X., Usher, J. M. Making the next move: How experiential and vicarious learning shape the locations of chains' acquisitions [J]. Administrative Science Quarterly, 2000, 45 (4): 766 - 801.

[36] Baum, J. A. C., Calabrese, T., Silverman, B. S. Don't go it alone: Alliance network composition and startups' performance in Canadian biotechnology [J]. Strategic management journal, 2000, 21 (3): 267 - 294.

[37] Baum, J. A. C., Cowan, R., Jonard, N. Network - independent partner selection and the evolution of innovation networks [J]. Management Science, 2010, 56 (11): 2094 - 2110.

[38] Baum, J. A. C., Oliver, C. Institutional linkages and organizational mortality [J]. Administrative science quarterly, 1991: 187 - 218.

[39] Beckman, C. M., Haunschild, P. R., Phillips, D. J. Friends or strangers? Firm-specific uncertainty, market uncertainty, and network partner selection [J]. Organization Science, 2004, 15 (3): 259 - 275.

［40］ Bercovitz, J., Feldman, M. The mechanisms of collaboration in inventive teams: Composition, social networks, and geography ［J］. Research Policy, 2011, 40 (1): 81 -93.

［41］ Boeh, K. K. Contracting Costs and Information Asymmetry Reduction in Cross-Border M&A ［J］. Journal of Management Studies, 2011, 48 (3): 568 -590.

［42］ Bonacich, P. Some unique properties of eigenvector centrality ［J］. Social Networks, 2007, 29 (4): 555 -564.

［43］ Bowman, E. H., Hurry, D. Strategy through the option lens: An integrated view of resource investments and the incremental-choice process ［J］. Academy of management review, 1993, 18 (4): 760 -782.

［44］ Branzei, O. Product innovation in heterogeneous R&D networks pathways to exploration and exploitation ［D］. Canada: University of British Columbia, 2004.

［45］ Brown, S. L., Eisenhardt, K. M. Competing on the edge: Strategy as structured chaos ［M］. America: Harvard Business Press, 1998.

［46］ Buck, T., Liu, X., Ott, U. Long-term orientation and international joint venture strategies in modern China ［J］. International Business Review, 2010, 19 (3): 223 -234.

［47］ Buckley, P. J., Hashai, N. The role of technological catch up and domestic market growth in the genesis of emerging country based multinationals ［J］. Research Policy, 2014, 43 (2): 423 -437.

［48］ Burgelman, R. A. Strategy as vector and the inertia of coevolutionary lock-in ［J］. Administrative Science Quarterly, 2002, 47 (2): 325 -357.

［49］ Burt, R. S. Social Contagion and Innovation: Cohesion versus Structural Equivalence ［J］. American Journal of Sociology, 1987, 92 (6): 1287 -1335.

［50］ Burt, R. S. Structural hole ［M］. Boston: Harvard Business School Press, 1992.

［51］ Burt, R. S. The social structure of competition ［J］. Explorations in economic sociology, 1993, 65: 103.

［52］ Calabrese, T., Baum, J. A. C., Silverman, B. S. Canadian biotechnology start-ups, 1991 - 1997: the role of incumbents' patents and strategic alliances in controlling competition ［J］. Social Science Research, 2000, 29 (4): 503 -534.

［53］ Caner, T., Sun, J., Prescott, J. E. When a firm's centrality in R&D alliance network is (not) the answer for invention: The interaction of centrality, inward and outward knowledge transfer [J]. Journal of Engineering and Technology Management, 2014, 33: 193 -209.

[54] Cassiman, B., Veugelers, R. In search of complementarity in innovation strategy: Internal R&D and external knowledge acquisition [J]. Management science, 2006, 52 (1): 68 -82.

[55] Chen T J. Network Resources for Internationalization: The Case of Taiwan's Electronics Firms [J]. Journal of Management Studies, 2003, 40 (5): 1107 -1130.

[56] Chen, S. -F. S. The motives for international acquisitions: capability procurements, strategic considerations, and the role of ownership structures [J]. Journal of International Business Studies, 2008, 39 (3): 454 -471.

[57] Cho, H. D., Lee, J. K. The developmental path of networking capability of catch-up players in Korea's semiconductor industry [J]. R&D Management, 2003, 33 (4): 411 -423.

[58] Chu, W. -w. Can Taiwan's second movers upgrade via branding? Research Policy, 2009, 38 (6), 1054 -1065.

[59] Clayton, M. C. The innovator's dilemma: When new technologies cause great firms to fail [M]. Boston: Harvard Business School Press, 1997.

[60] Coff, R. W. When competitive advantage doesn't lead to performance: The resource-based view and stakeholder bargaining power [J]. Organization science, 1999, 10 (2): 119 -133.

[61] Cohen, W. M., Levinthal, D. A. Absorptive capacity: a new perspective on learning and innovation [J]. Administrative science quarterly, 1990, 35 (1): 128 -152.

[62] Coleman, J. S. Social capital in the creation of human capital [J]. American journal of sociology, 1988: S95 -S120.

[63] Cool, K., Schendel, D. Performance differences among strategic group members [J]. Strategic Management Journal, 1988, 9 (3): 207 -223.

[64] Cui, A. S., O'Connor, G. Alliance portfolio resource diversity and firm innovation [J]. Journal of Marketing, 2012, 76 (4): 24 -43.

[65] D'Aveni, R. Hypercompetition: Managing the dynamics of strategic management [J]. Information Management, 1994: 83 -93.

[66] Demirkan, I., Deeds, D. L., Demirkan, S. Exploring the Role of Network Characteristics, Knowledge Quality, and Inertia on the Evolution of Scientific Networks [J]. Journal of Management, 2013, 39 (6): 1462-1489.

[67] Dierickx, I., Cool, K. Asset stock accumulation and sustainability of competitive advantage [J]. Management Science, 1989, 35 (12): 1504-1511.

[68] Diestre, L., Rajagopalan, N. Are all 'sharks' dangerous? new biotechnology ventures and partner selection in R&D alliances [J]. Strategic Management Journal, 2012, 33 (10): 1115-1134.

[69] Dosi, G., Grazzi, M. Technologies as problem-solving procedures and technologies as input-output relations: some perspectives on the theory of production [J]. Industrial and Corporate Change, 2006, 15 (1): 173-202.

[70] Duncan, R. B. The ambidextrous organization: Designing dual structures for innovation [J]. The management of organization, 1976, 1: 167-188.

[71] Dutrénit, G. Building technological capabilities in latecomer firms: a review essay [J]. Science Technology & Society, 2004, 9 (2): 209-241.

[72] Duysters, G., Heimeriks, K. H., Lokshin, B., Meijer, E., Sabidussi, A. Do firms learn to manage alliance portfolio diversity? The diversity-performance relationship and the moderating effects of experience and capability [J]. European Management Review, 2012, 9 (3): 139-152.

[73] Duysters, G., Lokshin, B. Determinants of alliance portfolio complexity and its effect on innovative performance of companies [J]. Journal of Product Innovation Management, 2011, 28 (4): 570-585.

[74] Dyer, J. H., Hatch, N. W. Relation-specific capabilities and barriers to knowledge transfers: creating advantage through network relationships [J]. Strategic Management Journal, 2006, 27 (8): 701-719.

[75] Dyer, J. H., Singh, H. The relational view: cooperative strategy and sources of interorganizational comepetitive advantage [J]. Academy of Management Review, 1998, 23 (4): 660-679.

[76] Eisenhardt, K. M., Graebner, M. E. Theory building from cases: opportunities and challenges [J]. Academy of management journal, 2007, 50 (1): 25-32.

[77] Eisenhardt, K. M., Schoonhoven, C. B. Resource-based view of strategic

alliance formation: Strategic and social effects in entrepreneurial firms [J]. Organization Science, 1996, 7 (2): 136 – 150.

[78] Eisenhardt, K. M. Building theories from case study research [J]. Academy of management review, 1989, 14 (4): 532 – 550.

[79] Eom, B. – Y., Lee, K. Determinants of industry-academy linkages and, their impact on firm performance: The case of Korea as a latecomer in knowledge industrialization [J]. Research Policy, 2010, 39 (5): 625 – 639.

[80] Ernst, D. Catching-up Crisis and Industrial Upgrading: Evolutionary Aspects of Technological Learning in Korea's Electronics Industry [J]. Asia Pacific Journal of Management, 1998, 15 (2): 247 – 283.

[81] Fan, P. Catching up through developing innovation capability: evidence from China's telecom-equipment industry [J]. Technovation, 2006, 26 (3): 359 – 368.

[82] Fang, E. The effect of strategic alliance knowledge complementarity on new product innovativeness in China [J]. Organization Science, 2011, 22 (1): 158 – 172.

[83] Figueiredo, P. N. Learning, capability accumulation and firms differences: evidence from latecomer steel [J]. Industrial and corporate change, 2003, 12 (3): 607 – 643.

[84] Finkelstein, S. The effects of strategic and market complementarity on acquisition performance: Evidence from the US commercial banking industry, 1989 – 2001 [J]. Strategic Management Journal, 2009, 30 (6): 617 – 646.

[85] Fiss, P. C. A set-theoretic approach to organizational configurations [J]. Academy of management review, 2007, 32 (4): 1180 – 1198.

[86] Fiss, P. C. Building better causal theories: A fuzzy set approach to typologies in organization research [J]. Academy of Management Journal, 2011, 54 (2): 393 – 420.

[87] Fleming, L., Sorenson, O. Technology as a complex adaptive system: evidence from patent data [J]. Research policy, 2001, 30 (7): 1019 – 1039.

[88] Fleming, L. Recombinant uncertainty in technological search [J]. Management science, 2001, 47 (1): 117 – 132.

[89] Forman, C., van Zeebroeck, N. From Wires to Partners: How the Internet Has Fostered R&D Collaborations Within Firms [J]. Management Science, 2012, 58 (8): 1549 – 1568.

[90] Freitas, I. M. B., Geuna, A., Rossi, F. Finding the right partners: Institutional and personal modes of governance of university-industry interactions [J]. Research Policy, 2013, 42 (1): 50-62.

[91] Furman, J. L., Hayes, R. Catching up or standing still?: National innovative productivity among 'follower' countries, 1978-1999 [J]. Research Policy, 2004, 33 (9): 1329-1354.

[92] Gao, X. Technological capability catching up: follow the normal way or deviate [D]. America: Massachusetts Institute of Technology, 2003.

[93] Gatignon, H., Xuereb, J.-M. Strategic orientation of the firm and new product performance [J]. Journal of marketing research, 1997: 77-90.

[94] Gavetti, G., Levinthal, D. Looking forward and looking backward: Cognitive and experiential search [J]. Administrative science quarterly, 2000, 45 (1): 113-137.

[95] Gerschenkron, A. Economic backwardness in historical perspective [M]. America, Belknap Press: An Imprint of Harvard University Press, 1962.

[96] Gibson, C. B., Birkinshaw, J. The antecedents, consequences, and mediating role of organizational ambidexterity [J]. Academy of management Journal, 2004, 47 (2): 209-226.

[97] Gilbert, C. G. Unbundling the structure of inertia: Resource versus routine rigidity [J]. Academy of Management Journal, 2005, 48 (5): 741-763.

[98] Glaser, B. G., Strauss, A. L. The discovery of grounded theory: Strategies for qualitative research [M]. America: Transaction Publishers, 2009.

[99] Godinho, M. M., Ferreira, V. Analyzing the evidence of an IPR take-off in China and India [J]. Research Policy, 2012, 41 (3): 499-511.

[100] Goerzen, A., Beamish, P. W. The effect of alliance network diversity on multinational enterprise performance [J]. Strategic Management Journal, 2005, 26 (4): 333-354.

[101] Goldstein, J. A. Semigroups of linear operators and applications [M]. America: Oxford University Press, 1985.

[102] Granovetter, M. Economic action and social structure: the problem of embeddedness [J]. American Journal of Sociology, 1985: 481-510.

[103] Grant, R. M. Toward a knowledge-based theory of the firm [J]. Strategic

management journal, 1996, 17: 109 -122.

[104] Greve, H. R. Exploration and exploitation in product innovation [J]. Industrial and Corporate Change, 2007, 16 (5): 945 -975.

[105] Guennif, S., Ramani, S. V. Explaining divergence in catching-up in pharma between India and Brazil using the NSI framework [J]. Research Policy, 2012, 41 (2): 430 -441.

[106] Gulati, R., Higgins, M. C. Which ties matter when? The contingent effects of interorganizational partnerships on IPO success [J]. Strategic Management Journal, 2003, 24 (2): 127 -144.

[107] Gulati, R., Khanna, T., Nohria, N. Unilateral commitments and the importance of process in alliances [J]. Sloan Management Review, 1994, 35: 61 -61.

[108] Gulati, R., Lavie, D., Madhavan, R. R. How do networks matter? The performance effects of interorganizational networks [J]. Research in Organizational Behavior, 2011, 31: 207 -224.

[109] Gulati, R., Sytch, M. Dependence asymmetry and joint dependence in interorganizational relationships: effects of embeddedness on a manufacturer's performance in procurement relationships [J]. Administrative Science Quarterly, 2007, 52 (1): 32 -69.

[110] Gulati, R. Network Location and Learning: The Influence of Network Resources and Firm Capabilities on Alliance Formation [J]. Strategic Management Journal, 1999, 20 (5): 397 -420.

[111] Gulati, R. Social structure and alliance formation patterns: A longitudinal analysis [J]. Administrative science quarterly, 1995: 619 -652.

[112] Gupta, A. K., Tesluk, P. E., Taylor, M. S. Innovation at and across multiple levels of analysis [J]. Organization Science, 2007, 18 (6): 885 -897.

[113] Hagedoorn, J., Wang, N. Is there complementarity or substitutability between internal and external R&D strategies [J]? Research Policy, 2012, 41 (6): 1072 -1083.

[114] Hannan, M. T., Freeman, J. Structural inertia and organizational change [J]. American sociological review, 1984: 149 -164.

[115] Hargadon, A., Sutton, R. I. Technology brokering and innovation in a product development firm [J]. Administrative science quarterly, 1997: 716 -749.

[116] Hobday, M. East Asian latecomer firms: learning the technology of electronics [J]. World development, 1995, 23 (7): 1171 -1193.

[117] Hobday, M. Firm-level innovation models: perspectives on research in developed and developing countries [J]. Technology Analysis & Strategic Management, 2005, 17 (2): 121 -146.

[118] Holmqvist, M. Experiential learning processes of exploitation and exploration within and between organizations: An empirical study of product development [J]. Organization science, 2004, 15 (1): 70 -81.

[119] Hu, J. -L., Hsu, Y. -H. The more interactive, the more innovative? A case study of South Korean cellular phone manufacturers [J]. Technovation, 2008, 28 (1): 75 -87.

[120] Huggins, R. Network resources and knowledge alliances: Sociological perspectives on inter-firm networks as innovation facilitators [J]. International Journal of Sociology and Social, 2010, 30 (9/10): 515 -531.

[121] Hult, G. T. M., Hurley, R. F., Knight, G. A. Innovativeness: Its antecedents and impact on business performance [J]. Industrial marketing management, 2004, 33 (5): 429 -438.

[122] Ireland, R. D., Hitt, M. A., Vaidyanath, D. Alliance management as a source of competitive advantage [J]. Journal of management, 2002, 28 (3): 413 -446.

[123] Jensen, M. The role of network resources in market entry: Commercial banks' entry investment banking, 1991 -1997 [J]. Administrative Science Quarterly, 2003, 48 (3): 466 -497.

[124] Jiang, R. J., Tao, Q. T., Santoro, M. D. Alliance portfolio diversity and firm performance [J]. Strategic Management Journal, 2010, 31 (10): 1136 -1144.

[125] Jose, M. L., Nichols, L. M., Stevens, J. L. Contributions of diversification, promotion, and R&D to the value of multiproduct firms: A Tobin's q approach [J]. Financial Management, 1986: 33 -42.

[126] Joshi, A. M., Lahiri, N. Language friction and partner selection in cross-border R&D alliance formation [J]. Journal of International Business Studies, 2015, 46 (2): 123 -152.

[127] Juma, C., Clark, N. Technological catch-up: Opportunities and chal-

lenges for developing countries [J]. Scottish Universities Policy Research and Advice Network, SUPRA Working Series Papers, 2002, 28: 1-24.

[128] Kapoor, R., McGrath, P. J. Unmasking the interplay between technology evolution and R&D collaboration: Evidence from the global semiconductor manufacturing industry, 1990-2010 [J]. Research Policy, 2014, 43 (3): 555-569.

[129] Kapoor, R. Collaborating with complementors: What do firms do [J]? Advances in Strategic Management, 2013, 30: 3-25.

[130] Khan, M. U. Dynamic techno-management capability of Indian computer firms in comparison with Korea [J]. Technovation, 1999, 19 (4): 243-259.

[131] Khanna, T., Gulati, R., Nohria, N. The Dynamics of Learning Alliances: Competition, Cooperation, and Relative Scope [J]. Strategic Management Journal, 1998, 19 (3): 193-210.

[132] Kiernan, M. Get innovative or get dead [J]. Business Quarterly, 1996, 61 (1): 51-58.

[133] Kim, L. Crisis construction and organizational learning: Capability building in catching-up at Hyundai Motor [J]. Organization science, 1998, 9 (4): 506-521.

[134] Kim, L. Stages of development of industrial technology in a developing country: a model [J]. Research policy, 1980, 9 (3): 254-277.

[135] Kogut, B., Zander, U. Knowledge of the firm, combinative capabilities, and the replication of technology [J]. Organization science, 1992, 3 (3): 383-397.

[136] Kogut, B. The network as knowledge: Generative rules and the emergence of structure [J]. Strategic Management Journal, 2000, 21 (3): 405-425.

[137] Koka, B. R., Prescott, J. E. Designing alliance networks: the influence of network position, environmental change, and strategy on firm performance [J]. Strategic Management Journal, 2008, 29 (6): 639-661.

[138] Kostova, T., Zaheer, S. Organizational legitimacy under conditions of complexity: The case of the multinational enterprise [J]. Academy of Management review, 1999, 24 (1): 64-81.

[139] Lahiri, N., Narayanan, S. Vertical integration, innovation, and alliance portfolio size: Implications for firm performance [J]. Strategic Management Journal, 2013, 34 (9): 1042-1064.

[140] Lall, S. Technological capabilities and industrialization [J]. World de-

velopment, 1992, 20 (2): 165 - 186.

[141] Lane, P. J., Lubatkin, M. Relative absorptive capacity and interorganizational learning [J]. Strategic management journal, 1998, 19 (5): 461 - 477.

[142] Lavie, D., Kang, J., Rosenkopf, L. Balance within and across domains: the performance implications of exploration and exploitation in alliances [J]. Organization Science, 2011, 22 (6): 1517 - 1538.

[143] Lavie, D., Rosenkopf, L. Balancing exploration and exploitation in alliance formation [J]. Academy of Management Journal, 2006, 49 (4): 797 - 818.

[144] Lavie, D. Alliance portfolios and firm performance: A study of value creation and appropriation in the US software industry [J]. Strategic Management Journal, 2007, 28 (12): 1187 - 1212.

[145] Lavie, D. Network Resources: Toward a New Social Network Perspective [J]. Academy of Management Review, 2008, 33 (2): 546 - 550.

[146] Lavie, D. The competitive advantage of interconnected firms: An extension of the resource-based view [J]. Academy of Management Review, 2006, 31 (3): 638 - 658.

[147] Lawrence, P. R., Lorsch, J. W. Differentiation and integration in complex organizations [J]. Administrative science quarterly, 1967: 1 - 47.

[148] Lee, G. K. The Significance of Network Resources in the Race to Enter Emerging Product markets: The Convergence of Telephony Communications and Computer Networking, 1989 - 2001 [J]. Strategic Management Journal, 2007, 28 (1): 17 - 37.

[149] Lee, J., Bae, Z. t., Choi, D. k. Technology development processes: a model for a developing country with a global perspective [J]. R&D Management, 1988, 18 (3): 235 - 250.

[150] Lee, K., Lim, C. Technological regimes, catching-up and leapfrogging: findings from the Korean industries [J]. Research policy, 2001, 30 (3): 459 - 483.

[151] Leiponen, A., Helfat, C. E. Innovation objectives, knowledge sources, and the benefits of breadth [J]. Strategic Management Journal, 2010, 31 (2): 224 - 236.

[152] Leonard-Barton, D. Management of technology and moose on tables [J]. Organization Science, 1992, 3 (4): 556 - 558.

[153] Leonard-Barton, D. Wellspring of knowledge [M]. Boston: Harvard Busi-

ness School Press，1995.

[154] Levinthal，D. A.，March，J. G. The myopia of learning [J]. Strategic management journal，1993，14 (S2)：95 - 112.

[155] Levinthal，D. A. Adaptation on rugged landscapes [J]. Management science，1997，43 (7)：934 - 950.

[156] Levitt，B.，March，J. G. Organizational learning [J]. Annual review of sociology，1988：319 - 340.

[157] Li，J. J. The formation of managerial networks of foreign firms in China：The effects of strategic orientations [J]. Asia Pacific Journal of Management，2005，22 (4)：423 - 443.

[158] Liao，H.，Liu，D.，Loi，R. Looking at both sides of the social exchange coin：A social cognitive perspective on the joint effects of relationship quality and differentiation on creativity [J]. Academy of Management Journal，2010，53 (5)：1090 - 1109.

[159] Lin，B. - W.，Wu，C. - H. How does knowledge depth moderate the performance of internal and external knowledge sourcing strategies [J]? Technovation，2010，30 (11)：582 - 589.

[160] Lin，H. Cross-sector alliances for corporate social responsibility partner heterogeneity moderates environmental strategy outcomes [J]. Journal of business ethics，2012，110 (2)：219 - 229.

[161] Liu，X.，Hodgkinson，I. R.，Chuang，F. - M. Foreign competition，domestic knowledge base and innovation activities：Evidence from Chinese high-tech industries [J]. Research Policy，2014，43 (2)：414 - 422.

[162] Love，J. H.，Roper，S.，Vahter，P. Learning from openness：The dynamics of breadth in external innovation linkages [J]. Strategic Management Journal，2014，35 (11)：1703 - 1716.

[163] Luo，Y.，Rui，H. An ambidexterity perspective toward multinational enterprises from emerging economies [J]. The Academy of Management Perspectives，2009，23 (4)：49 - 70.

[164] Luo，Y.，Shenkar，O. Toward a perspective of cultural friction in international business [J]. Journal of International Management，2011，17 (1)：1 - 14.

[165] Luo，Y.，Wang，S. L. Foreign direct investment strategies by developing

country multinationals: a diagnostic model for home country effects [J]. Global Strategy Journal, 2012, 2 (3): 244 -261.

[166] Luo, Y. Are joint venture partners more opportunistic in a more volatile environment [J]? Strategic Management Journal, 2007, 28 (1): 39 -60.

[167] Macher, J. T., Mowery, D. C., Di Minin, A. The "Non-Globalization" of Innovation in the Semiconductor Industry [J]. California Management Review, 2007, 50 (1): 217.

[168] Madhok, A. Reassessing the fundamentals and beyond: Ronald Coase, the transaction cost and resource-based theories of the firm and the institutional structure of production [J]. Strategic Management Journal, 2002, 23 (6): 535 -550.

[169] Mahapatra, S. K., Narasimhan, R., Barbieri, P. Strategic interdependence, governance effectiveness and supplier performance: A dyadic case study investigation and theory development [J]. Journal of Operations Management, 2010, 28 (6): 537 -552.

[170] Malerba, F., Nelson, R. Learning and catching up in different sectoral systems: evidence from six industries [J]. Industrial and Corporate Change, 2011, 20 (6): 1645 -1675.

[171] March, J. G. Exploration and exploitation in organizational learning [J]. Organization science, 1991, 2 (1): 71 -87.

[172] Mason, R., Drakeman, D. L. Comment on "fishing for sharks: Partner selection in biopharmaceutical R&D alliances" by diestre and rajagopalan [J]. Strategic Management Journal, 2014, 35 (10): 1564 -1565.

[173] Mathews, J. A., Cho, D. S. Combinative capabilities and organizational learning in latecomer firms: The case of the Korean semiconductor industry [J]. Journal of World Business, 1999, 34 (2): 139 -156.

[174] Mathews, J. A. Competitive advantages of the latecomer firm: A resource-based account of industrial catch-up strategies [J]. Asia Pacific Journal of Management, 2002, 19 (4): 467 -488.

[175] May, D. O. Do managerial motives influence firm risk reduction strategies [J]? Journal of Finance, 1995: 1291 -1308.

[176] Mazzoleni, R., Nelson, R. R. Public research institutions and economic catch-up [J]. Research policy, 2007, 36 (10): 1512 -1528.

[177] McAfee, A. Mastering the three worlds of information technology [J]. Harvard Business Review, 2006, 84 (11): 141.

[178] McDonough, E. F., Leifer, R. Using simultaneous structures to cope with uncertainty [J]. Academy of Management Journal, 1983, 26 (4): 727-735.

[179] McEvily, B., Zaheer, A. Bridging ties: A source of firm heterogeneity in competitive capabilities [J]. Strategic Management Journal, 1999, 20 (12): 1133-1156.

[180] Meuleman, M., Lockett, A., Manigart, S., Wright, M. Partner selection decisions in interfirm collaborations: the paradox of relational embeddedness [J]. Journal of Management Studies, 2010, 47 (6): 995-1019.

[181] Michelfelder, I., Kratzer, J. Why and How Combining Strong and Weak Ties within a Single Interorganizational R&D Collaboration Outperforms Other Collaboration Structures [J]. Journal of Product Innovation Management, 2013, 30 (6): 1159-1177.

[182] Miles, M. B., Huberman, A. M. Qualitative data analysis: An expanded sourcebook [M]. America: Sage, 1994.

[183] Miller, D. J., Fern, M. J., Cardinal, L. B. The use of knowledge for technological innovation within diversified firms [J]. Academy of Management Journal, 2007, 50 (2): 307-325.

[184] Mindruta, D. Value creation in university-firm research collaborations: A matching approach [J]. Strategic Management Journal, 2013, 34 (6): 644-665.

[185] Miotti, L., Sachwald, F. Co-operative R&D: why and with whom? An integrated framework of analysis [J]. Research Policy, 2003, 32 (8): 1481-1499.

[186] Mitchell, W., Singh, K. Death of the lethargic: Effects of expansion into new technical subfields on performance in a firm's base business [J]. Organization Science, 1993, 4 (2): 152-180.

[187] Moorman, C., Miner, A. S. The impact of organizational memory on new product performance and creativity [J]. Journal of marketing research, 1997: 91-106.

[188] Moorthy, S., Polley, D. E. Technological knowledge breadth and depth: performance impacts [J]. Journal of Knowledge Management, 2010, 14 (3): 359-377.

[189] Morrison, M. The very model of a modern senior manager [J]. Harvard Business Review, 2007, 85 (1): 27.

［190］ Mortensen, D. T. Matching: finding a partner for life or otherwise [J]. American Journal of Sociology, 1988: S215 - S240.

［191］ Mowery, D. C. , Oxley, J. E. , Silverman, B. S. Technological overlap and interfirm cooperation: implications for the resource-based view of the firm [J]. Research Policy, 1998, 27 (5): 507 - 523.

［192］ Mu, Q. , Lee, K. Knowledge diffusion, market segmentation and technological catch-up: The case of the telecommunication industry in China [J]. Research policy, 2005, 34 (6): 759 - 783.

［193］ Nam, K. - M. Compact organizational space and technological catch-up: Comparison of China's three leading automotive groups [J]. Research Policy, 2015, 44 (1): 258 - 272.

［194］ Nelson, A. , Earle, A. , Howard-Grenville, J. , Haack, J. , Young, D. Do innovation measures actually measure innovation? Obliteration, symbolic adoption, and other finicky challenges in tracking innovation diffusion [J]. Research Policy, 2014, 43 (6): 927 - 940.

［195］ Nooteboom, B. , Van Haverbeke, W. , Duysters, G. , Gilsing, V. , van den Oord, A. Optimal cognitive distance and absorptive capacity [J]. Research Policy, 2007, 36 (7): 1016 - 1034.

［196］ O Reilly, C. A. , Tushman, M. L. The ambidextrous organization [J]. Harvard business review, 2004, 82 (4): 74 - 83.

［197］ Page, S. E. The difference: How the power of diversity creates better groups, firms, schools, and societies [M]. America: Princeton University Press, 2008.

［198］ Park, K. - H. , Lee, K. Linking the technological regime to the technological catch - up: analyzing Korea and Taiwan using the US patent data [J]. Industrial and Corporate Change, 2006, 15 (4): 715 - 753.

［199］ Parkhe, A. Interfirm diversity, organizational learning, and longevity in global strategic alliances [J]. Journal of international business studies, 1991: 579 - 601.

［200］ Patton, M. Q. How to use qualitative methods in evaluation [M]. America: Sage, 1987.

［201］ Peng, X. - m. , Wu, D. Tie diversity, ambidexterity and upgrading of the latecomer firm in global production networks: Evidence from China's plastic equipment industry [J]. Chinese Management Studies, 2013, 7 (2): 310-327.

[202] Perry-Smith, J. E., Shalley, C. E. A Social Composition View of Team Creativity: The Role of Member Nationality-Heterogeneous Ties Outside of the Team [J]. Organization Science, 2014, 25 (5): 1434-1452.

[203] Petruzzelli, A. M. The impact of technological relatedness, prior ties, and geographical distance on university-industry collaborations: A joint-patent analysis [J]. Technovation, 2011, 31 (7): 309-319.

[204] Pfeffer, J., Salancik, G. R. The external control of organizations: A resource dependence perspective [M]. America: Stanford University Press, 2003.

[205] Phelps, C. C. A Longitudinal Study of the Influence of Alliance Network Structure and Composition on Firm Exploratory Innovation [J]. Academy of Management Journal, 2010, 53 (4): 890-913.

[206] Podolny, J. M. Market uncertainty and the social character of economic exchange [J]. Administrative science quarterly, 1994: 458-483.

[207] Powell, W. W., Koput, K. W., Smith-Doerr, L. Interorganizational collaboration and the locus of innovation: Networks of learning in biotechnology [J]. Administrative science quarterly, 1996: 116-145.

[208] Powell, W. W., White, D. R., Koput, K. W., Owen-Smith, J. Network dynamics and field evolution: The growth of interorganizational collaboration in the life sciences1 [J]. American journal of sociology, 2005, 110 (4): 1132-1205.

[209] Powell, W. W. Learning from collaboration [J]. California management review, 1998, 40 (3): 228-240.

[210] Prahalad, C. K., Lieberthal, K. The end of corporate imperialism [J]. Harvard Business Review, 2003, 81 (8): 109.

[211] Radner, R., Rothschild, M. On the allocation of effort [J]. Journal of Economic Theory, 1975, 10 (3): 358-376.

[212] Raesfeld, A. v., Geurts, P., Jansen, M., Boshuizen, J., Luttge, R. Influence of partner diversity on collaborative public R&D project outcomes: A study of application and commercialization of nanotechnologies in the Netherlands [J]. Technovation, 2012, 32 (3): 227-233.

[213] Ragin, C. C. Qualitative comparative analysis using fuzzy sets (fsQCA) [J]. Configurational Comparative Methods, 2009: 87-121.

[214] Reddy, S. B. , Osborn, R. N. , Hennart, J. F. The prevalence of equity and non-equity cross-border linkages: Japanese investments and alliances in the United States [J]. Organization Studies, 2002, 23 (5): 759 -780.

[215] Reuer, J. J. , Ragozzino, R. Signals and international alliance formation: The roles of affiliations and international activities [J]. Journal of International Business Studies, 2014, 45 (3): 321 -337.

[216] Rhee, J. , Park, T. , Lee, D. H. Drivers of innovativeness and performance for innovative SMEs in South Korea: Mediation of learning orientation [J]. Technovation, 2010, 30 (1): 65 -75.

[217] Rogan, M. , Sorenson, O. Picking a (Poor) Partner: A Relational Perspective on Acquisitions [J]. Administrative Science Quarterly, 2014, 59 (2): 301 -329.

[218] Roijakkers, N. , Hagedoorn, J. Inter-firm R&D partnering in pharmaceutical biotechnology since 1975: Trends, patterns, and networks [J]. Research Policy, 2006, 35 (3): 431 -446.

[219] Rosenkopf, L. , Nerkar, A. Beyond local search: Boundary-spanning, exploration, and impact in the optical disk industry [J]. Strategic Management Journal, 2001, 22 (4): 287 -306.

[220] Rost, K. The strength of strong ties in the creation of innovation [J]. Research Policy, 2011, 40 (4): 588 -604.

[221] Rothaermel, F. T. , Boeker, W. Old technology meets new technology: complementarities, similarities, and alliance formation [J]. Strategic Management Journal, 2008, 29 (1): 47.

[222] Rothaermel, F. T. Incumbent's advantage through exploiting complementary assets via interfirm cooperation [J]. Strategic Management Journal, 2001, 22 (6 - 7): 687 -699.

[223] Roy, J. - P. , Oliver, C. International joint venture partner selection: The role of the host-country legal environment [J]. Journal of International Business Studies, 2009, 40 (5): 779 -801.

[224] Roy, J. -P. IJV Partner Trustworthy Behaviour: The Role of Host Country Governance and Partner Selection Criteria [J]. Journal of Management Studies, 2012, 49 (2): 332 -355.

[225] Sammarra, A. , Biggiero, L. Heterogeneity and Specificity of Inter-Firm

Knowledge Flows in Innovation Networks [J]. Journal of Management Studies, 2008, 45 (4): 800 - 829.

[226] Sampson, R. C. R&D Alliance and Firm Performance: The Impact of Technological Diversity and Alliance Organization on Innovation [J]. Academy of Management Journal, 2007, 50 (2): 364 - 386.

[227] Schilke, O., Goerzen, A. Alliance management capability: an investigation of the construct and its measurement [J]. Journal of Management, 2010, 36 (5): 1192 - 1219.

[228] Schilling, M. A., Phelps, C. C. Interfirm Collaboration Networks: The Impact of Large-Scale Network Structure on Firm Innovation [J]. Management Science, 2007, 53 (7): 1113 - 1126.

[229] Schultz, C., Schreyoegg, J., von Reitzenstein, C. The moderating role of internal and external resources on the performance effect of multitasking: Evidence from the R&D performance of surgeons [J]. Research Policy, 2013, 42 (8): 1356 - 1365.

[230] Scott-Kennel, J., Giroud, A. MNEs and FSAs: Network knowledge, strategic orientation and performance [J]. Journal of World Business, 2015, 50 (1): 94 - 107.

[231] Shiers, A. F. Branch banking, economic diversity and bank risk [J]. The Quarterly Review of Economics and Finance, 2002, 42 (3): 587 - 598.

[232] Smith, W. K., Lewis, M. W. Toward a theory of paradox: A dynamic equilibrium model of organizing [J]. Academy of Management Review, 2011, 36 (2): 381 - 403.

[233] Soh, P. - H., Mahmood, I. P., Mitchell, W. Dynamic inducements in R&D investment: Market signals and network locations [J]. Academy of Management Journal, 2004, 47 (6): 907 - 917.

[234] Sorenson, O., Stuart, T. E. Bringing the context back in: Settings and the search for syndicate partners in venture capital investment networks [J]. Administrative Science Quarterly, 2008, 53 (2): 266 - 294.

[235] Steensma, H. K., Marino, L., Weaver, K. M., Dickson, P. H. The influence of national culture on the formation of technology alliances by entrepreneurial firms [J]. Academy of Management Journal, 2000, 43 (5): 951 - 973.

[236] Stettner, U., Lavie, D. Ambidexterity under scrutiny: Exploration and exploitation via internal organization, alliances, and acquisitions [J]. Strategic Management Journal, 2014, 35: 1903 - 1929.

[237] Stuart, T. E. Interorganizational alliances and the performance of firms: A study of growth and innovation rates in a high-technology industry [J]. Strategic management journal, 2000, 21 (8): 791 - 811.

[238] Stuart, T. E. Network positions and propensities to collaborate: An investigation of strategic alliance formation in a high-technology industry [J]. Administrative science quarterly, 1998: 668 - 698.

[239] Subramanian, A. M., Lim, K., Soh, P. - H. When birds of a feather don't flock together: Different scientists and the roles they play in biotech R&D alliances [J]. Research Policy, 2013, 42 (3): 595 - 612.

[240] Sun, Y., Du, D. Determinants of industrial innovation in China: Evidence from its recent economic census [J]. Technovation, 2010, 30 (9): 540 - 550.

[241] Tallman, S., Phene, A. Leveraging knowledge across geographic boundaries [J]. Organization Science, 2007, 18 (2): 252 - 260.

[242] Teixeira, A. A. C., Fortuna, N. Human capital, R&D, trade, and long-run productivity. Testing the technological absorption hypothesis for the Portuguese economy, 1960 - 2001 [J]. Research Policy, 2010, 39 (3): 335 - 350.

[243] Tsai, W. Knowledge transfer in intraorganizational networks: Effects of network position and absorptive capacity on business unit innovation and performance [J]. Academy of management journal, 2001, 44 (5): 996 - 1004.

[244] Tushman, M. L., O'Reilly III, C. A. Ambidextrous organizations: Managing evolutionary and revolutionary change. Managing innovation and change, 2006, 170.

[245] Tushman, M. L., O'Reilly III, C. A. Managing evolutionary and revolutionary change [J]. California Management Review, 1996, 38 (4): 8 - 28.

[246] Urde, M., Baumgarth, C., Merrilees, B. Brand orientation and market orientation-From alternatives to synergy [J]. Journal of Business Research, 2013, 66 (1): 13 - 20.

[247] Uzzi, B. Embeddedness in the making of financial capital: How social relations and networks benefit firms seeking financing [J]. American sociological

review, 1999: 481 -505.

[248] van Wijk, R., Jansen, J. J. P., Van Den Bosch, F. A. J., Volberda, H. W. How firms shape knowledge to explore and exploit: a study of knowledge flows, knowledge stocks and innovative performance across units [J]. Technology Analysis & Strategic Management, 2012, 24 (9): 929 -950.

[249] Vandaie, R., Zaheer, A. Alliance Partners and Firm Capability: Evidence from the Motion Picture Industry [J]. Organization Science, 2014, 26 (1): 22 -36.

[250] Vanhaverbeke, W., Gilsing, V., Beerkens, B., Duysters, G. The role of alliance network redundancy in the creation of core and non-core technologies [J]. Journal of Management Studies, 2009, 46 (2): 215 -244.

[251] Vassolo, R. S., Anand, J., Folta, T. B. Non-additivity in portfolios of exploration activities: A real options-based analysis of equity alliances in biotechnology [J]. Strategic Management Journal, 2004, 25 (11): 1045 -1061.

[252] Vasudeva, G., Spencer, J. W., Teegen, H. J. Bringing the institutional context back in: A cross-national comparison of alliance partner selection and knowledge acquisition [J]. Organization Science, 2013, 24 (2): 319 -338.

[253] Vasudeva, G., Zaheer, A., Hernandez, E. The embeddedness of networks: institutions, structural holes, and innovativeness in the fuel cell industry [J]. Organization Science, 2013, 24 (3): 645 -663.

[254] Vermeulen, F., Barkema, H. Learning through acquisitions [J]. Academy of Management journal, 2001, 44 (3): 457 -476.

[255] Vertova, G. National technological specialisation and the highest technological opportunities historically [J]. Technovation, 2001, 21 (9): 605 -612.

[256] Verweij, S., Klijn, E. H., Edelenbos, J., Van Buuren, A. What makes governance networks work? A fuzzy set qualitative comparative analysis of 14 Dutch spatial planning projects [J]. Public Administration, 2013, 91 (4): 1035 -1055.

[257] Vlaar, P. W. L., Van den Bosch, F. A. J., Volberda, H. W. Towards a dialectic perspective on formalization in interorganizational relationships: How alliance managers capitalize on the duality inherent in contracts, rules and procedures [J]. Organization Studies, 2007, 28 (4): 437 -466.

[258] Wadhwa, A., Kotha, S. Knowledge creation through external venturing:

Evidence from the telecommunications equipment manufacturing industry [J]. Academy of Management Journal, 2006, 49 (4): 819 –835.

[259] Wang, F., Chen, J., Wang, Y., Lutao, N., Vanhaverbeke, W. The effect of R&D novelty and openness decision on firms' catch-up performance: Empirical evidence from China [J]. Technovation, 2014, 34 (1): 21 –30.

[260] Wasserman, S. Social network analysis: Methods and applications [M]. UK: Cambridge university press, 1994.

[261] Wassmer, U., Dussauge, P. Network resource stocks and flows: how do alliance portfolios affect the value of new alliance formations [J]? Strategic Management Journal, 2012, 33 (7): 871 –883.

[262] Westphal, J. The Resource Characteristics of Strategic Alliances [J]. Academy of Management Review, 2008, 33 (2): 553 –557.

[263] Williamson, P. J., Raman, A. P. How China reset its global acquisition agenda [J]. Harvard Business Review, 2011, 89 (4): 109 –13.

[264] Winter, S. Knowledge and competence as strategic assets [J]. The strategic management of intellectual capital, 1998: 165 –187.

[265] Wu, C. –Y., Mathews, J. A. Knowledge flows in the solar photovoltaic industry: Insights from patenting by Taiwan, Korea, and China [J]. Research Policy, 2012, 41 (3): 524 –540.

[266] Wu, W. Y., Shih, H. – A., Chan, H. – C. The analytic network process for partner selection criteria in strategic alliances [J]. Expert Systems with Applications, 2009, 36 (3): 4646 –4653.

[267] Wuyts, S., Dutta, S. Benefiting from alliance portfolio diversity: the role of past internal knowledge creation strategy [J]. Journal of Management, 2014, 40 (6): 1653 –1674.

[268] Xiao, Y., Tylecote, A., Liu, J. Why not greater catch-up by Chinese firms? The impact of IPR, corporate governance and technology intensity on late-comer strategies [J]. Research Policy, 2013, 42 (3): 749 –764.

[269] Xie, W., Wu, G. Differences between learning processes in small tigers and large dragons: learning processes of two color TV (CTV) firms within China [J]. Research Policy, 2003, 32 (8): 1463 –1479.

[270] Yang, Y., Narayanan, V. K., Carolis, D. M. D. The relationship

between portfolio diversification and firm value: The evidence from corporate venture capital activity [J]. Strategic Management Journal, 2014, 34 (13): 1993 - 2011.

[271] Yin, R. K. Case study research: Design and methods [M]. America: Sage, 2009.

[272] Youtie, J., Shapira, P. Building an innovation hub: A case study of the transformation of university roles in regional technological and economic development [J]. Research policy, 2008, 37 (8): 1188 - 1204.

[273] Zaheer, A., Bell, G. G. Benefiting from network position: firm capabilities, structural holes, and performance [J]. Strategic management journal, 2005, 26 (9): 809 - 825.

[274] Zahra, S. A., Ireland, R. D., Hitt, M. A. International expansion by new venture firms: International diversity, mode of market entry, technological learning, and performance [J]. Academy of Management journal, 2000, 43 (5): 925 - 950.